新 世界の おばあちゃんの 知恵袋

株式会社イーメディア 編

三修社

新・世界のおばあちゃんの知恵袋

はじめに

「酢を杯一杯飲み干すとしゃっくりが止まる」
「梅干を額に貼ると熱が下がる」
「天ぷらとスイカは食べ合わせがよくない」

このような言い伝え、また身近にいる年上の人やおじいちゃん、おばあちゃんが教えてくれる生活上の知恵は、誰しもが必ず一回くらいは耳にされたことがあるでしょう。

こうした日常生活上のさまざまな知恵や工夫は、何も我々日本人の専売特許ではありません。世界各国にさまざまな工夫や知恵がありす。そしてそれらの多くは、今も生活上で「活きた知恵」として密着しているのです。

それこそ健康にまつわるものからケガ、美容にまつわるもの、節約の知恵や掃除について、洗濯、食べ物の保存や調理に関わる知恵など多岐にわたります。

しかし、身の回りの、ほとんどのものがアナログからデジタルに変貌を遂げつつある現代生活の中では、このような知識は、ともすると時間の彼方に忘れ去られる宿命にあるといえます。

しかし、その一方で「スローライフ」「スローフード」などに代表されるように、質や伝統を守り、ゆとりを求めるライフスタイルに人々はよりどころを求める風潮があることも見逃せません。こうした潮流の中で、先人が残した知恵の結晶に改めて目を向け、ひたすら大量消費するだけの現代生活を見直してもいいのではないでしょうか。

本書では、そうした伝承を日本だけではなく、世界にまで範囲を広げて、先人の残した生活の貴重な教えを紹介致します。生活習慣や気候、環境も違えば、そこで生活する人ならではの様々な知恵が生まれます。それは我々の常識を超えたものであったり、または案外と共通しているものだったりと、まさしく多様といえるのです。

ここで紹介するのはほんの一部です。きっとあなたの身近にもここに掲載したもの以外のたくさんの知恵があることと思います。本書を読まれた皆さんが、「世界のおばあちゃん」のくれた知恵を、少しでも感じていただけたらと思います。

イーメディア

新・世界のおばあちゃんの知恵袋　目次

洗濯のコツ　……………………　76

家事に関する知恵《まとめ》　……………………　82

第5章 薬に関する知恵 編……123

〈スタッフ〉
執筆・編集／（株）イー メディア
レイアウト・デザイン／（株）イー メディア
イラスト／あだちあきひこ

第1章

美容と健康の知恵

美容と健康の知恵 編

世界の国々の美容と健康の知恵

いつも美しくありたい、いつも健康でいたい……。この願いは国や世代にかかわらず、世界共通の願いのようです。その証左として、世界の国々には、土地柄や生活習慣に合わせた健康法や美容法が数多くあります。

ハーブを用いた民間療法や東洋医学における漢方薬がその代表的なものといえるでしょう。ここでは、人々が経験的に用いてきた数々の健康法・美容法をご紹介します。

また、我々の先輩たる日本の先人の方法と、どんなところが違うのでしょう。

●冷えを改善する知恵

「手足の先が、いつも冷たい……」「冷えで夜もくつ下をはかないと眠れないことがある……」

冷え性は手足の先や腰などが冷えることで、日本の女性の過半数が、この「冷え」で悩んでいるともいわれています。

さてこの「冷え性」ですが、主な原因は血行の障害にあるとされます。このため、冷え性の予防には、体の血の巡り、つまり血行をよくすることが先決といえるでしょう。

そのためには、まず運動や入浴などで血行をよくすることが必要です。その他にも食習慣の改善も重要とされています。また、女性の場合「自律神経」の乱れから冷え性になるケースも多いようです。

男性の場合、女性に比べてホルモンの変化が比較的安定しているので、冷え性の人は少ないのですが、それでも高齢の方などには冷えに悩まされる人は少なからずいらっしゃるようです。

もちろん、冷えに悩まされる人は日本だけでなく、世界各国にいます。冷えは女性の大敵ともいえるもの。冷えの解消は日本の女性だけでなく、世界中の女性のテーマのようですね。

お腹の冷えを防ぐ

・アメリカ

冷水にショウガのしぼり汁

冷水にショウガのしぼり汁を入れるとお腹を冷やしません。日本でも、ショウガ汁はお腹を温めるものとしてショウガ湯に用いられます。アメリカでは昔、これに蜂蜜や酢を加えたものを素朴なジンジャーエールとして愛飲したようです。

・フィリピン

お湯のボトルでマッサージ

ガラスのボトルに熱いお湯を入れ、そのボトルをお腹の上でゴロゴロ転がしてマッサージすると、お腹の冷えが防げるといわれます。

―― 自律神経と冷えの関係 ――

自律神経が関係している冷えの場合ですが、自律神経は内臓や血管などをコントロールしていて、自律神経が乱れると、血管の運動障害を起こし「冷え」につながるのです。

この自律神経の乱れは、「女性ホルモン」の影響によるものが大きいとされています。女性ホルモン（雌性ホルモン）を構成するのは、卵胞ホルモンと黄体ホルモンですが、この分泌量が心身状態を大きく左右するのです。

この自律神経の乱れは、妊娠や出産、育児といった情緒不安定な時期に現れることが多いようです。さらに、更年期になると卵胞ホルモンが減少するため、「冷え」の症状がことさら起こりやすくなるとされています。

●歯の手入れに関する知恵

虫歯で歯が痛い、というばかりでなく、歯茎からの出血、歯が浮いてガタガタする、朝、口の中がネバネバする、口臭が気になる…。といった経験をされたことはありませんか？　これらはすべて歯周病（歯槽膿漏）からくるものです。

歯周病は口中の雑菌、細菌が原因とされています。もちろん、虫歯もこれが原因です。口の中にこのような細菌がつくのは、ひとえに口の中が清潔に保たれていないことが原因といえます。

口の中が細菌などで汚れてくると、いわゆる歯垢がたくさんついてきます。これは口の中の微生物が増え、そこから代謝されるものが歯や歯肉につくものをいいます。これらによって虫歯や歯周病が引き起こされるのです。

ですから、歯のお手入れの基本は、まず歯垢などがつかないようにすることが必要となります。これは、日々の歯のブラッシングによって防げるものです。

現代では生活が不規則だったりすることで、虫歯や歯周病に罹る人が少なくありません。しかし、歯はとても大切な体の一部という認識があまりないように思われます。確かに命に関わる病気ということではないのですが……。

でも、よく考えてください。歯については、例えば切り傷のように、時間がたてば治癒して元通りになる、というものでは決してないのです。穴があいたり、治療として抜かれてしまえば、穴を埋めたり、入れ歯をしたりすることで対処するしかありません。歯医者さんだって、症状の進行を食い止めることくらいしかできないのです。

もちろん、差し歯や入れ歯という選択はありますが、歯については予防こそが最高の対処法なのです。

いつまでも「自分の歯」で、おいしい食べ物を食べ続けたいのであれば、日々の歯のお手入れこそがベストの方法といえるでしょう。

正しい歯の磨き方は、日に3回、食後に3分ほどの時間をかけてゆっくり行うことが理想とされています。

ところで、世の先人たちは、比較的繊維質が多く、固いものを食べていたせいか、あまり虫歯には悩まされなかったようです。近年、摂取する食物が柔らかくなるにつれ、虫歯などが増えてきたようです。いくつか対処の仕方が伝えられています。では、そんな大切な歯のお手入れの知恵をご紹介しましょう。

リンゴは天然の歯ブラシ?

・ヨーロッパ・アメリカ

リンゴを食べる

食事の後に繊維質の豊富なリンゴを食べると、食べかすが除かれ、虫歯予防になるというものです。このため、リンゴは欧米では「自然の歯ブラシ」と呼ばれることもあるほどです。日本でも、食事の後にたくあんなど繊維の多い漬け物を食べると、口の中が清潔になるといわれています。

このことから、繊維質の豊富な食物は「天然の歯ブラシになる」ということを、体験的に先人たちは気づいていたのかもしれませんね。

レモンで歯を白くする

・ドイツ

レモンの皮

歯を磨いて汚れを落とした後、レモンの皮をすりおろして少量歯につけてこすると白さが増します。

●髪の手入れに関する知恵

しっとりとした、艶やかな髪……。女性なら誰でも憧れる髪ですよね？　近年は金色、茶色に染めるのがもっぱら定番になっていますが、日本女性の「黒く艶やかな髪」もいいものです。

もっとも、色はどうあれ「しっとりとした～」髪は、とても魅力的なものです。

その一方で、現代はさまざまな外的要因から「髪」にとってストレスがたまる傾向にあるようです。このストレスは、当然髪のしっとり感、サラサラ感、艶などが失われる原因となっています。

例えば、タバコの煙や排気ガスなどにまみれた汚れた空気、空気中の塵やホコリ、日光による紫外線、ブローのときの熱風やカラーリングなど、現代生活は髪をストレスにさらす、さまざまな要因に囲まれています。

また、生活サイクルなども髪に悪影響を与えます。不規則な生活などで、寝不足が続いたり、栄養のバランスがくずれたり……。

このような要因から、髪にストレスがたまると髪はダメージを受け、パサついたり枝毛や抜け毛が増えたりする原因となってしまいます。さらに毛髪線維のキューティクルが開いてしまうと、髪の艶やかさが失われてしまうのです。

ヘアケアのキモは、トリートメントばかりでなく、体の内側からのケアも重要だということです。外側ばかりのケアでは不充分ということですね。

ところで、海外の女性も艶やかな髪に憧れるのは共通なようで、次のようなお手入れの知恵が知られています。

洗髪にひと工夫

・ドイツほか

酢を垂らしたお湯ですすぐ

髪を洗った後、酢を垂らしたお湯ですすぐと髪がしなやかになり、ツヤが出ます。せっけんシャンプーのようにアルカリ性のシャンプーを使った後に酢でリンスすると、中和されて髪がパサついた感触になるのが防げます。なお、ドイツでは栓を抜いて気が抜けてしまったビールで髪を洗うとツヤが出るといわれています。

・欧米

黒髪はローズマリー、金髪はカモミール

黒髪はローズマリーを煮出した液で、金髪はカモミールを煮出した液でリンスすると髪色が美しく保たれるといわれます。また、カモミールは髪の脱色をしたい場合にも使えます。効果が穏やかなので、髪や地はだを傷めず、少しずつ効いてきます。

平安時代の黒い髪

絵巻物の中の平安京の女性たちは、きらびやかな十二単などを身にまとい、その長く黒い髪を誇らしげに見せています。昔の女性にとっては、その長く黒い髪が女性の美しさの基準のひとつだったようですね。まさに、髪は女性の命、といったところでしょうか。

ところで、昔から『髪は烏の濡羽色』といわれますが、古の女性たちはどのように艶やかな黒髪を維持していたのでしょうか。

それは「椿油」を使って髪を手入れしていたのです。この「椿油」は、椿の種子から得られる不乾性油で、食用にも使われていたそうです。特長として、ヘンな油臭さがなく、またベトつかないといったことがあげられます。

ちなみに、椿油の主成分はオレイン酸です。オレイン酸はオリーブ油などにも多量に含まれ、血中コレステロールや悪玉コレステロールを減少させる働きがあります。

もちろん、当時の女性たちはそんな効果など知る由もなかったでしょうが、髪の毛や頭皮によく馴染むためか、古くから女性たちに使われてきたのでしょう。

この椿油は、時を経て現代でも使われています。

●肌の手入れに関する知恵

「仕事の影響で生活が不規則なせいか、ストレスで肌が荒れて、吹き出物も多い……」
「職場のエアコンの影響で、夏・冬一年中肌が乾燥してしまう……」

女性の美しさの基本は、何といってもお肌です。透き通るような白さの、艶やかでしっとりとした、張りのあるお肌はすべての女性の憧れですよね（小麦色の肌に憧れる人もいます）。多少お年を召されている方（失礼）でも、お肌に張りがあって、しっとりしている女性は、とても魅力的に見えるものです。

そうです、女性にとっては1歳でも若く見えることが、とても重要なんです。そのためにも、お肌の手入れについては気を配りたいものですね。

でも、残念ながら現代はお肌にとって、とてもストレスのたまる環境といえます。不規則な生活やイライラなどの心的ストレス、偏った食生活……。要はまず、健康的な生活サイクルに身を置くことが前提といえるでしょう。健康的に問題があるのに、肌だけ美しくなっても意味はありませんし、第一、健康を損ねた状態では美しい肌など望むべくもありません。

ここではまず、スベスベとかツルツル、しっとりといった肌について考えてみましょう。ところで、美しい肌を保つポイントはなんといっても肌の潤い、保湿です。

乾燥する冬場は、どうしても肌にカサカサ感を感じることが多くなります。また、オフィスビルなどでは、通年エアコンが入っているところもありますから、そうした環境に長く身を置いている人は、一年中乾燥肌に悩んでいると聞きます。

乾燥肌を長く放置しておくと、肌がくすんでキメが粗くなることもあり、メイクのノリまで悪くなります。さらに痒みをともなうこともあります。

保湿のコツとしては、入浴後などはなるべく早めに、保湿クリームやローションを体中に塗ることをおすすめします（クリームやローションは肌に合ったものを使用します）。

さて、海外では美しい肌のためにどんな試みが行われているのでしょうか。各国のお知恵を拝借しましょう。

スベスベ、ツルツルしたお肌に

・ベネズエラ

オリーブオイルに砂糖を混ぜたペースト

オリーブオイルに砂糖を混ぜたペーストを手の甲に塗り、軽くこすってから洗い流すとお肌がスベスベになります。イギリスでは、さらに石けんを加えておきます。

・フィリピン

柑橘類で顔のマッサージ

日本のカボスに似た、野生のタチバナのような柑橘類をスライスしたもので顔をマッサージします。翌朝には、ツルツルスベスベのお肌になっているそうです。

試してみました！

砂糖のスクラブ効果とオイルの保湿効果で、荒れた手もしっとりスベスベになりました。あまり力を入れてこすると痛いので、指先でそっとなでるようにするのがコツです。

また、ぬるま湯で洗い落としただけではヌルヌルが取れませんので、石けんを使ったほうがよいでしょう。もちろん、石けんで洗っても効果は変わりませんし、後でハンドクリームを塗る必要もありません。

・ウズベキスタン

ケフィアを使ってお肌ツルツル！

ミントの葉を刻み込んだケフィア（添加物不使用のプレーンヨーグルトで代用可）でパックすると、肌がツルツルになります。

・フランス

野イチゴのペーストでパック

野イチゴのペーストでパックします。野イチゴをつぶしたものに蜂蜜を加え、牛乳またはヨーグルトでのばしたペーストを作ります。これに小麦粉を振り入れてよく練ったものでパックします。

・中国

ほうれん草の茹で汁で殺菌洗顔！

ほうれん草の茹で汁を冷ましたもので洗顔すると、殺菌作用でニキビができにくくなります。

ほうれん草の茹で汁で洗顔すると、さっぱりしてニキビの予防になるといわれます。これは、殺菌作用のほかに、茹で汁の中に溶け出したサポニンが余分な油を落としてくれるため。肌に優しい洗顔料といえます。

日本酒で美肌づくり

ぬるま湯に日本酒をコップ3分の1程度入れます。飲み残しでも、安いものでも構いません。ふだんどおり洗顔した後、この洗顔液をリンスするようになじませると、新陳代謝が促されてツルツルの肌が保てます。朝晩の2回行えばさらに効果的。

ニキビに大根おろし

大根おろしには、脂肪を分解する成分が含まれています。膿んだニキビの周囲を、コットンにしみ込ませた大根おろしの汁でたたけば、毛穴につまった脂肪の栓が分解され、きれいに治すことができます。

・フィリピン
口紅をニキビに塗る

ニキビができたら、その一つひとつに、口紅を塗ります。翌朝には化膿していたニキビの膿が固まり、すっきり治るそうです。

いかがですか。どれも基本的に自然のものを使った美肌法です。ほとんどが実際に行うのをためらうような内容？　ばかりですが、保湿クリームやローションばかりの美肌法からチェンジしてみてはどうでしょうか？

●日焼け対策に関する知恵

開放的な暑い季節は、小麦色の肌に憧れるものです。しかし、日焼けはお肌の大敵です。シミ、ソバカスの原因になるのはもちろん、焼き過ぎは軽いやけど、炎症のもとになります。

現在は、日焼けに対する知識も広まり、さまざまなクリームなどのケア用品が発売されています。

日焼けの原因、白いお肌の大敵となるのが「紫外線＝ＵＶ」です。この「紫外線」は、だいたい5月が一番多くなります。次いで、4、6、7、8月、そして3、9月という順番で多くなります。ですから、この多くなる時期に「紫外線対策」を始めるといいでしょう。

紫外線が皮膚に当たると、表皮の奥にあるメラニン色素（黒い色素）を増やします。これが日焼けやシミ、ソバカスの原因となるのです。さらに肌の弾力を保つための組織を破壊してしまうのです。その結果がシミやシワとなって現れるのです。

紫外線はガラス（ＵＶ加工処理をしていないもの）

を通りますし、目などからも入るといわれています。紫外線が目から入ると、脳が危険を感知してメラノサイト刺激ホルモンという物質を分泌し、メラニン色素を発生させてしまうのです。ですから、外出の際にはクリームを塗ったり、長袖の服などを着るだけでなく、サングラスをかけて、というのが理想的です。

ところで、日焼けの原因となるのは、紫外線によるメラニン色素の増加ですが、そのほかに活性酸素の発生という要因もあります。活性酸素は老化を促す有害物質として認知されていますが、この活性酸素を酵素が分解するたびにメラニン色素が黒く残るというのです。

活性酸素は、不規則な生活や日常生活でのストレスなどで容易に発生するといわれています。ですから、体外的な要因ばかりでなく、体内からも肌の黒ずみなどの原因が生まれているのです。要はいかに活性酸素を増やさないか、にあるのです。

活性酸素を発生させないためには、ビタミンCの摂取が有効とされています。ビタミンCは抗酸化物質のひとつで、体内の活性酸素を破壊し、メラノサイトの動きを止めます。さらに、ブルーベリーやアセロラ、グァバなどのトロピカルフルーツに含まれる、抗酸化物質のアントシアニンを併せて摂取するとさらによいとされています。

アントシアニンは活性酸素を破壊後のビタミンCを修復する働きがあるのです。

SPFって？

市販されているさまざまな日焼け止めクリーム。よく見ると「SPF○×」などと書いてあるのに気づくと思います。

このSPFですが、紫外線に含まれる紫外線B波を肌から守る数値のことをいいます（紫外線B波は、皮膚に当たると肌を赤くしてしまいます）。ちなみにこの数字は、紫外線から肌を守る時間の目安を指していて、SPF 1であれば、およそ20分間、肌を守ってくれるということです。

数値が大きければ大きいほど紫外線を長く防いでくれる、ということですが、大きければいいというものでもないようです。というのは、逆に肌に負担がかかるから、というのがその理由です。

ふつう、SPF 30くらいが好適とされています。

さて、日焼けに対する各国の知恵ですが、どのようなものがあるでしょうか。

まず、日本ですが、薄く切ったきゅうりを日焼けした肌に直接のせ、熱を吸い取らせる方法が知られています。またレモンの薄切りをのせる方法も。

これは日焼けによって失われたビタミンCを補給する意味があるといわれますが、皮膚への刺激が強いため、あまりおすすめできません。ビタミンCを補給するなら、飲食するほうが効き目があります。

他の国では、どのような方法が採られているのでしょうか。

重曹で肌のほてりを鎮める

・イギリス

重曹を塗る

日光浴でほてった肌に、重曹を水で溶き、その水溶液を塗ると、ヒリヒリしたお肌のほてりが鎮まり、軽い炎症が治るそうです。

ヨーグルトで日焼け対策？

・トルコ

ヨーグルトでパック

トルコの食卓にはヨーグルトが欠かせませんが、日焼け対策にも使われます。日焼けでほてった肌をヨーグルトでパックすると、熱が取れて痛みが和らぐとされています。

世界の病気や症状にまつわる知恵

洋の東西を問わず、昔から人々はさまざまな病気や症状などと「つきあってきた」歴史があります。特に昔は医療体制が万全ではありませんでしたから、たとえ病気になっても、満足に医者にも罹ることができない家庭が多く存在しました。

先人たちにとっては、病気や大きな怪我をしないことは、イコール自分の生命を保つことと等しく重要な事柄であったはずです。しかし、そうはいっても病気などに罹ってしまったとき、頭が痛いから、お腹が痛いから、と薬を飲むわけにもいきません。そこで、各地ではさまざまな民間療法が発達していったわけです。

ここでは、頭痛や腹痛、発熱などさまざまな病気や症状に対する先人たちの知恵の一部をご紹介しましょう。

●いやな頭痛に効く知恵

ずきんずきんと長く続く頭痛、しめつけられるような頭痛……。どんな痛みにせよ、頭痛っていやなものですね。

この症状は、インフルエンザなどの高熱を伴う症状のときに発症するものや、心因性やストレス、過度の緊張、慢性的なものなどさまざまです。慢性的な頭痛では、肩こりからくるものもあれば、脳梗塞や脳腫瘍などの重大な病気の兆候だったりすることもあります。

今は便利なもので、薬で痛みを抑えたり、治したりできるからよいのですが、昔の人は便利な薬は持っていませんでしたから、さまざまな知恵を絞って対策を考えたようですね。

日本のおばあちゃんたちは、頭痛がすると小さく切った梅干しを額やこめかみに貼って痛みを和らげました。梅干しを貼ると周囲の血行がよくなり、筋肉の緊張による頭痛が改善されるのです。こめかみにはいわゆるツボも存在するといわれていますが、おばあちゃんたちはここを刺激することで頭痛が楽になることを経験的に知っていたのでしょう。

痛みを忘れさせる工夫

・チリ
・スウェーデン

スライスしたじゃがいも

これらの国では薄くスライスしたじゃがいもを額に貼りつける方法がとられています。ひんやりとした感触が熱を吸い取ってくれるのでしょうか。

・ベトナム

ハッカ油でマッサージ

ハッカ油をこめかみにつけてよくマッサージし、さらに眉間にもすり込んでつまんで引っ張る動作を繰り返します。

・欧米各国

ペパーミントのエッセンシャルオイル

欧米でも、ペパーミントのエッセンシャルオイルは気分をすっきりさせて頭痛を撃退する効果があるとされています。

・イギリス

エッセンシャルオイルのお風呂

植物の芳香成分を利用した方法をもう一つ。ラベンダーのエッセンシャルオイルを垂らしたお風呂に入り、熱いタオルを首の後ろに置きます。この他、酢に浸した布を額に当てる方法も効果的とされています。

・フィリピン

芳香成分の木の葉

やはり、芳香成分のある木の葉を使いますが、木から取った葉を直接おでこに貼りつけます。

●風邪はウイルス感染症

風邪とは

体がだるい――

悪寒がする――

何だか熱っぽい――

咳が出る――

鼻水が出る――

いわゆる「風邪」といわれるさまざまな症状は、ウイルスに感染することから「起こる」とされています。

ではどんなウイルスかというと、これが実にさまざまで、その種類は200種にも及ぶといわれています。中でも最も多いのが、エコーウイルスやライノウイルスです。もちろん有名なインフルエンザウイルスもあります。

それぞれのウイルスによって症状も変わってきますが、中には肺炎や気管支炎などを併発する場合もあり、予防や治療には十分注意しなければなりません。

●風邪の撃退法あれこれ

さて、現代では風邪をひいたら、それこそ数多ある種類の薬を飲めば、たいていの症状は改善されます。あったかくして、ふだんより早めに床につけば、翌朝にはケロリ、なんてことも珍しくありません。しかし、日本や各国の先人たちは風邪にどう対処していたのでしょうか。

風邪の撃退法は国によっても、人によっても異なりますが、日本でよく知られているのは次のようなものです。

体を温める工夫

・ショウガと砂糖または蜂蜜にお湯を注いでつくるショウガ湯

ショウガ湯は飲むだけでなく、足を温める足湯としても活用されています。このほか、葛湯、卵酒など、体を温める飲み物が知られています。

のどの痛みを和らげる工夫

・大根を蜂蜜に漬けた上澄み液の「大根あめ」

「大根あめ」はのどの痛みに効きます。さらに、きんかんを蜂蜜漬けにしたエキスは咳や痰に効き、レモンの蜂蜜漬けやかりんの蜂蜜漬けエキスも咳止めに効果があります。

のどの痛みや痰

レンコンは特に呼吸器系の症状に効くといわれます。飲めばのどの痛みや痰に効果があるという、レンコン湯の作り方をご紹介しましょう。

【レンコン湯】

①皮ごとすりおろしたものに醤油か塩で味付けし、布かキッチンペーパーで濾す。

②①の液にショウガの絞り汁を1、2滴垂らし、さらに葛粉を入れてよく練る。

③ここに熱湯を入れてかき混ぜて葛湯にする。このレンコン湯を飲むことで、咳や痰がたちどころに鎮まります。

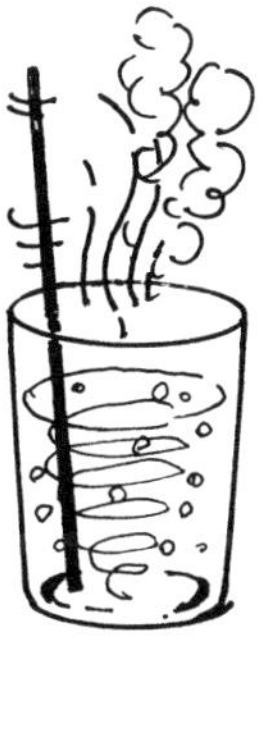

●多種多様な各国の風邪撃退法

寒いロシアでは、風邪の撃退法もたくさんあります。風邪でのどが痛いときは、じゃがいもを皮付きのまま茹でて鍋ごとテーブルに置き、その湯気を口から吸って鼻から吐くようにします。頭と鍋をすっぽり布で覆い、湯気が逃げないようにすればさらに効果大。ロシアらしい方法といえば、ゴマを入れてウオッカを飲むというもの。

その他、ビタミンCを補給するためにレモンを食べる、生のにんにくやタマネギを食べる方法もあります。薬に頼らずに治すことで、体の回復力を高めるという考え方が根底にあるようです。

ヨーロッパでは日常的にハーブを利用しています。もちろん、風邪のときも上手に取り入れています。たとえば、のどの痛みにはカモミール・ティーでうがいをする、洗面器一杯のお湯にユーカリオイルを数滴垂らして湯気を吸い込む、などです。

ベトナム式の吸入法もハーブを利用したものといえるでしょう。以下がその方法です。

湯気を取り込んで鼻の通りをよくする

ライムなど香気成分を含む葉を煮出して洗面器に移します。次に、大きなバスタオルを頭からかぶって洗面器に向かってかがみ、お湯から立ち上る湯気を吸入します。このとき、湯気が逃げないようかぶったタオルで洗面器全体をすっぽり覆うようにします。この状態で何度か深呼吸しているうちに鼻の通りがよくなり、風邪からくる頭痛も緩和されます。

次に、各国の風邪撃退ドリンクその他をご紹介しましょう。

・**エジプト**

風邪にはレモンのお湯割り

我々のイメージからすると風邪とは無縁そうなエジプトの知恵。レモンのお湯割りがひき始めの風邪に効きます。

・**ウズベキスタン**

蜂蜜漬けの大根を食べる

咳止めには蜂蜜に漬けた大根を食べると効果的です。

・**フィリピン**

ショウガ湯を飲む

ショウガの煮出し汁に砂糖を加えたショウガ湯を飲むと、のどの痛みが和らぎます。

・**タンザニア**

紅茶にショウガ汁や蜂蜜を入れる

砂糖を入れた紅茶にショウガ汁を垂らしたり、さらに蜂蜜を加えたりしたものを飲んで体を温めます。

・**イタリア**

牛乳に蜂蜜やコニャックなどを入れる

温めた牛乳に、砂糖または蜂蜜と好みの量のコニャックを入れて少しずつ飲むと、体が温まってよく眠れます。熱々の赤ワインにクローブと蜂蜜、黒コショウ粒を入れた飲み物も体を温める効果があります。

・**フランス**

フランス流タマゴ酒

赤ワインを温めて砂糖か蜂蜜を加え、熱しながら溶き卵を加えたものを飲む。

・韓国

焼酎に唐辛子

大根おろしとショウガおろしに蜂蜜を混ぜ、お湯を注いで飲み干すと体が温まって風邪に効きます。この他、焼酎に唐辛子を数本入れて、辛みが移ったところで飲むという方法もあります。

・スウェーデン

ビールにショウガ汁

咳には、ぬるめに温めたビールにショウガのすりおろしを入れたもの、蜂蜜を溶いたお湯などの飲み物が効きます。その他、ビタミンCの豊富なリンゴやオレンジを食べたり、にんにくをたくさん摂取するのも有効です。

・インド

皮をむいたショウガに蜂蜜と黒コショウ

蜂蜜に黒コショウを少々加えたものを、皮をむいたショウガにつけて何度かしゃぶると咳が止まります。

●発熱とその対処

よく熱が出た、熱があるなどといいますが、発熱というのは平熱（個人差があります）よりも体温が高いことを指していう言葉です。

発熱は、頭痛や倦怠感、筋肉痛などの不快な症状につながるだけでなく、心臓にも負担をかけますし、体の塩分や水分が失われる、体力を消耗するという、体にとってさまざまな意味でマイナスとなります。

熱があると感じた場合は、体温計などで体温を測り、平熱よりも高いようならできるだけ安静にすることです。

寒気がするようであれば、なるべく体を温めるようにします。また、水分や栄養価の高い食品などを摂るとよいでしょう。

●発熱と各国の知恵

日本では、発汗によって熱を下げるために、風邪撃退法でご紹介したような、体を温める飲み物を飲んで暖かくして寝たり、あまりにも熱による不快感が高いようなら、氷嚢や氷まくらで頭を冷やしたりするのが一般的です。

・エジプト

酢のしみた布で体を拭く

酢に浸した布で体を拭いて解熱を促し、レモンと蜂蜜をお湯に溶かして飲みます。

・ロシア

お湯で溶いたジャムを飲む

木いちごなどベリー類のジャムをお湯で溶いて飲むと、発汗・利尿作用によって熱が下がります。

・ポルトガル

じゃがいもの輪切りを額に

冷やしたじゃがいもの輪切りを額に当てます。

・南アフリカ

キャベツの葉を枕に

冷やしたキャベツの葉を枕にして寝るか、額にのせます。

・フィリピン

酢のしみた布を貼る、オイルを全身に塗る

こちらは、酢に浸した布切れをおでこに貼り、解熱の手助けをします。また、フィリピンでは全身にココナッツオイルを塗り、解熱を促します。この方法は最近でもベビーオイルを代用として利用されています。

冷やしたじゃがいもの薄切りを額に貼りつける方法は、チリやスウェーデンでは頭痛を和らげるのに使われます。

熱の正しいはかり方

今は電子体温計などでいつでも、どこでも自分の正確な体温が気軽にはかれます。体温計をわきの下に挟んでおくこと数秒、ピピッと電子音がして体温を知らせてくれます。

でも、より正しい体温のはかり方があるのでそのコツを。

①決まった時刻にはかる。平熱を知る意味でも毎日決まった時刻に熱をはかることをおすすめします。

②入浴後、運動後、食事直後は避ける。これらの行動のあと、少なくとも20～30分後は体温をはかるのは控えます。

③わきの下ではかるときはよく汗をふいておく。

④体温計の先端部分をわきの中心部にきちんと当てる。

⑤うつ熱（まわりの温度が高い、温め過ぎなど）のために体温が上がるので、体温をはかる前は温め過ぎないように注意する。

●二日酔いはいやなもの……

お酒がおいしくて、ついつい調子に乗って飲み過ぎてしまった晩の翌朝。頭がガンガンする、胸焼けなどの不快な症状や吐き気がする、めまいがする……。

お酒好きの人なら、誰しも経験があるこの症状、二日酔い。これはアルコールの多量摂取によって、肝細胞で有害物質アセトアルデヒドが十分に処理されないことから起こる急性の中毒症状です。この中毒症状が翌日まで残り、それにアルコール摂取による体の変調が重なって起こるといわれています。

体に及ぼす影響としては、肝臓への脂肪の蓄積やアルコール性の急性胃炎、動悸、さらには血中水分や電解質のバランスに変調をきたすことなどが挙げられます。

●二日酔い対策

「宿酔」などとも書きますが、洋の東西を問わず、二日酔いはつらいもののようで、各国で二日酔いの症状を和らげる知恵が絞られてきました。

予防としては、とにかくお酒を「飲み過ぎない」ことに尽きます。また、量を飲む場合は、あまり強いお酒を飲まないこと、夜遅くまで飲まないこと、などです。また、飲んだら十分な睡眠をとることも大切です。さらに、空腹時に飲むとアルコールがすぐに吸収され、分解されるまで時間がかかるため、悪酔い、二日酔いの原因となります。

●効果的なわが国の二日酔い対策

ところで、日本では古くから梅干しやしじみの味噌汁が二日酔いに有効とされてきました。梅干しの場合、梅の持つ胃腸保護作用や解毒効果、酸の中和、さらに黒焼きにした場合には、その際に得られるムメフラールなどは、風邪に対する有効成分が含まれるといわれます。

しじみに豊富に含まれるタウリンなどは、身体や細胞を正常な状態に戻そうとする作用があります。いずれも近年になって科学的裏付けのなされた有効成分が、経験的に取り入れられてきました。

●迎え酒はごまかし？

ところでよく「二日酔いには迎え酒」ということを聞きますが、これは医学的にいうと、アルコールの麻酔作用によって、症状がやわらいだと錯覚しているにすぎません。

それよりも、ここで紹介する二日酔い対策の知恵は「迎え酒」のような、ごまかし的な方法よりも効果が高いといえるでしょう。

各国の対策も効果的

・スウェーデン

ハーブティーを飲む

北欧のスウェーデンでは、二日酔いの朝にタイムやマージョラムなどのハーブティーを飲んだり、塩気のきいたものを食べると効くとされています。

・ロシア

キャベツの漬け汁を飲む

ウオッカの国、ロシアではキャベツの漬け物の漬け汁を飲むと、二日酔いのむかつきにとても効果があるとされています。

・タイ
・イギリス

飲んだ後、締めにバナナ？

日本では1杯ひっかけた後の締めはラーメン、という人も多いようですが、バナナを食べてから寝ると二日酔いの予防になるといわれています。

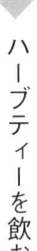

●バナナやキャベツが効果的

ちなみに締めのラーメンは、高血圧や高脂血症などになりやすいので、こちらは別の意味で控えたほうがいいでしょう。ついでに言うと、おつまみは脂肪分の多いものを避け、タンパク質やビタミンを多く含むものを中心に摂るといいようです。

アルコールを摂取したときは、アルコールによる利尿発汗作用で水分、カルシウム、ビタミン、カリウム、糖分が失われますので、これらを積極的に補給して体を休めるのが効果的です。バナナには果糖とカリウムが豊富に含まれていますので、これを補給することで回復を早める効果が期待できます。また、キャベツには胃粘膜の荒れを直すビタミンUが含まれています。このビタミンUは水溶性ですから、キャベツの漬け物そのものだけでなく、漬け汁に効果があるというのもうなずけます。

ロシアの漬け物ではありませんが、ドイツのザワークラウトの漬け汁で試してみてはいかがでしょうか。ザワークラウトはスーパーなどでも売っています。

世界各国のアルコール摂取量

日本人もお酒好きですが、世界各国にはそれを上回るお酒好きの人が、たくさんいらっしゃるようです。国ごとの年間１人当たりのアルコール消費量でみると、１位がフランス、以下ヨーロッパの国々や韓国などが上位にランクインしていますが、日本は何と27位となっています。

これをみても、日本は先進諸国の中でも飲酒量は少ないほうということがいえますが、世界的にみると各国とも年々アルコール消費量が横ばいか、もしくは減少していっています。しかし、日本の場合、アルコール消費量は年々増加の一途をたどっています。

国内では、１位が東京、２位が大阪、３位が高知となっています（1998年）。

平成13年度の国民栄養調査によると、飲酒習慣者は、男性では、40～59歳で約6割ほど、女性では40～49歳が最もよくお酒を飲むとされています。

健康を保つための知恵

いつまでも若くありたい……。
いつまでも元気に溌剌と暮らしたい……。
長生きをしていろいろなものを見、知りたい……。

●健康とは

健康は私たちの最大の関心事といえます。

心身ともに健康を保つには、日ごろからの心がけが大切、といわれています。規則正しい生活やバランスのとれた食事、ストレスをためないこと、運動不足に陥らない……。などなど、日々健康に暮らすためには、気をつけなければならないことがたくさんあるようです。

「そんなことばかり気にしていたら、かえってストレスがたまってしまう」という意見もごもっとも。でも、要は、自分が過ごしやすく、何につけてもバランスのとれた生活を心がけることが、健康への近道ではないでしょうか。

●長生きの秘訣!?

長生きの秘訣。これあったらいいですね。

ところで、長生きの秘訣を現代医学からいうと次のような項目になります。

①運動を習慣づける
②十分休養をとる
③食習慣をきちんと
④飲酒はほどほどに
⑤禁煙する

とまあ、一般的なことですが、これらの項目で共通していることは「生活習慣病」を防ぐ、ということに尽きるようです。

①はひとえに運動不足を解消するため、日常生活のなかで努めて体を動かすというもので、②の十分な休養は疲労回復の第一条件です。その日の疲れはその日のうちにとることがポイントです。③は1日3食をとることはもちろん、腹八分目にする、さまざまな品目を摂り、各栄養素をバランスよく摂取すること、④はお酒はほどほどにということ、⑤タバコの主成分には100種類以上の発癌物質が含まれているため、喫煙

はやめること……。

愛飲家や愛煙家の皆さんには耳の痛い話ばかりで、とても実行できそうにない、という方は次に紹介することを実践されてはいかがでしょうか。もっとも、これで本当に長生きできるか、保証の限りではありませんが……。

アジアの長寿の秘訣

・マレーシア

マレーシア流長生きのコツ

寝る前と起きた直後に水を飲むと血流がよくなり、長生きできるといわれています。

眠っている間に人間はコップ1杯程度の汗をかくといわれます。就寝前と起床後の水1杯は、体に水分を補って血液をサラサラに保つとともに、腸に刺激を与えて便通を促す効果があり、合理的な健康法といえるでしょう。また、肌のみずみずしさを保つのにも効果的といわれます。

・フィリピン

バースデー麺

かなり、気分的な長寿を願う方法ですが、誕生日の料理には必ずビーフンなどの長い麺類の料理を一品添えます。これは、末永く生きたい気持ちを長い麺に託したものといえるでしょう。

健康には摂り過ぎは「ダメ！」

現代の医学では「何であろうが、摂り過ぎはよくない」というのが定説になっています。何事にもバランスのよい食事が健康な体を作るのですね。

さて、海外ではというと……。

・タンザニア

肉の食べ過ぎは足に悪い

タンザニアなど東アフリカ諸国の焼き肉に似

た料理、ニャマ・チョマは「食べ過ぎると足が悪くなる」と言い伝えられてきました。迷信のようでもありますが、野菜を摂らずに肉ばかり食べていればビタミン不足になり、その結果、脚気になりやすくなります。バランスのよい食事を心がけなさい、という戒めの意味があるのでしょう。

食べ合わせがいい？

日本では食べ合わせが悪い例として、「うなぎ」と「梅干」、「天ぷら」と「スイカ」などがよく知られています。これらはそれぞれ科学的根拠がないものですが、海外にもそのような例があるのでしょうか？　イランではタブー視ではなく、これを食べたときはあれを食べるというように、食べ合わせるとよい組み合わせが伝えられています。

・イラン

魚卵とそら豆の食べ合わせ

イランでは食べ合わせに気を遣う人が多いといわれます。塩漬けの魚卵を食べるときには、必ずそら豆も一緒に食べるのです。これは、血圧上昇を防ぐための知恵と考えられます。また、食後すぐに熱いお茶を飲むとミネラルを減らすと言い伝えられています。お茶に含まれるタンニンは鉄分の吸収を妨げることから、根拠のある言い伝えといえるでしょう。

胃や腸が変調をきたしたら

胃痛や腸の変調には、日本では数多くの胃腸薬が発売され、馴染み深い薬としてよく利用されていますが、海外での自然療法をご紹介してみましょう。

・フィリピン

胃痛にはニガウリ
下痢にはコーラ
便秘にはパパイヤ

胃が痛くなったらニガウリを食べます。下痢にはコーラが効くと信じられており、それと共にリンゴやバナナも下痢止めに効果的だそうです。反対に便秘になったときにはパパイヤの実を牛乳、砂糖と共にシェイクし、そこに氷を入れた冷たいジュースにして飲むとお通じがあるそうです。

筋肉痛に里芋湿布

ふだん動かさない体を使ってスポーツや家事、掃除などに張りきったら筋肉痛で体が痛い……。このようなケースはよくあることと思います。そこで日本の知恵を拝借。里芋を使った筋肉痛解消法です。

まず、里芋の皮を厚くむき、すりおろします。酢と小麦粉、冷水を混ぜて練ったものを布に塗り、痛む部分に湿布します。酢が筋肉のこわばりを除き、炎症からくる熱を下げてくれます。里芋にも消炎作用があり、軽い筋肉痛や神経痛に効果的です。乾いてきたら取り替える、を数回行うと炎症と熱っぽさが取れてきます。また、上記の冷水を熱いお湯に代えた温湿布を、冷湿布で楽になった後にあてがうとさらに効果が期待できます。

目の疲れに効く

最近の日本人はよく目を使います。ワープロやパソコン、TVに読書、TVゲーム……。ビジネスマンやOLにとって疲れ目は日常茶飯事で、目薬を常備している人もとても多いそうです。

●目の疲れの原因

ヒトの視覚器である「目」。目は鼻や耳といった他の感覚器よりも、複雑な構造と機能を持った精密機械ということができます。

その精密さゆえに不具合が起きやすいともいえます。では、どんなときに目が故障する（＝疲れる）のでしょうか。

①目の酷使
②過労
③栄養状態の悪化
④睡眠不足

いずれも思い当たる人はたくさんいるのではないでしょうか。これらに当てはまる人は目が疲れやすい状況といえます。

一点を見つめ続けたり、パソコンやTVゲームなどで目を盛んに動かしたり、強い光を見続けたりすると、視覚に関するさまざまな器官に過度な刺激を与えることになり、「目の酷使」状態となります。

さらに、光を調節する瞳孔は自律神経に関わるため、自律神経の失調も目の疲れに影響があります。さらに貧血などによる血中酸素不足、過度のストレス、栄養の偏りなどでも目が疲れるのです。

そこで、まず基本的な目の疲れの対策を紹介しましょう。

目の疲れに効果のある栄養素

●ビタミンA
ビタミンAは、眼球の中の網膜の中で光を感じる細胞の構成成分。
<ビタミンAを多く含む食材>
牛乳・乳製品・レバー・緑黄色野菜

●ビタミンB_1・B_2
ビタミンB_1の不足は視神経に異常をきたし、視力障害が起きる。
ビタミンB_2の不足は角膜炎を起こしやすい。
<ビタミンB_1・B_2を多く含む食材>
乳製品・牛乳・レバー　B_1は肉類、B_2は貝類

●ビタミンC
ビタミンCの不足から細胞の結合を促し、コラーゲン不足から眼球結膜、角膜、網膜などに異常をきたす。
<ビタミンCを多く含む食材>
柑橘類、野菜

以上のことから、基本的にはこれらの食材をふだんからまんべんなく摂り続けることが肝要です。また、過労やストレスをため込むことも避けたいものです。酷使した目には十分なお休みを与えてあげましょう。

●さて、肝心の知恵です

日本では熱い番茶に塩を一つまみ入れたものに布を浸し、まぶたの上から湿布します。蛇足ながら付け加えると、この塩入り番茶を冷まして鼻から吸い込み、口から出すことで鼻炎の症状を緩和させることもできます。

・フィリピン

カボチャを食べる

疲れ目というより、視力をよくする方法として伝わっているのがカボチャを食べることです。視力が弱ったようだ、目が疲れたというときはカボチャがいいといわれています。

・イタリア

イタリア流ニンジンサラダ

ニンジンを塩もみしてオリーブオイルで和えたサラダをたくさん食べると、目の疲れが和らぎます。

目の疲れにビタミンAの摂取が有効なのはすでに述べました。ここに述べたイタリアのおばあちゃんの方法は、ニンジンに豊富に含まれるカロチンを、効力を高めてくれる油分とともにたくさん食べるという理想的な方法といえるでしょう。

マッサージと温かいタオル

最後に、目の疲れを取るとき、首や肩のマッサージをするといっそう効果的です。肩や首筋を揉んだ後は、首をゆっくりと回したり、肩を前後に回すなど、肩・首周りの筋肉を動かしてあげるといいでしょう。

ところで、目が疲れたときに冷たいオシボリなどで目を冷やすことがありますが、冷たいものよりもむしろ、温めたタオルを目の上にのせると新陳代謝が高まります。新陳代謝が高まることで、目の周囲の疲労物質が取り除かれるようです。

知っていて役立つ応急処置

日常生活では、ちょっとしたケガから虫刺されに至るまで、いつアクシデントに見舞われるかわかりません。中でも、異物を吸入したり飲み込んだり、やけどなどは予防が大切なことはいうまでもありません。

そんなとっさの出来事に慌てず素早い処置が行えるよう、家庭でできる応急処置を学んでおきましょう。

●やけどの応急処置

家庭ではさまざまな原因でやけどに遭遇するものです。お湯やお茶、熱いかけ汁などをこぼしたり、主婦の場合は揚げ物を揚げるとき、油がはねてやけどをするようなことがしばしばみられます。

何より小さいお子さんがいる家庭では、子供のやけどには十分に注意したいものです。子供は思わぬ行動にでたりすることがありますから、そうした調理の際に火の周りに近づかないよう気をつけることはもちろん、熱いものを供する食事の際にも十分に注意したいものです。

●基本的な処置

やけどの際に最も注意したいのは、やけどをしたらすぐに冷水または流水で冷やすことでしょう。これは、熱が体の表面から内部へどのくらい到達するかによって、やけどの治り方が変わってくるからです。

●やけどの程度別対処法

軽度

皮膚が赤くなる程度のやけどであれば軽度です。この場合、とりあえず患部を冷水で冷やした後、市販されているやけど用の軟膏などを塗り、そのまま様子を見ます。また、軽くても広範囲のやけどなら外科または皮膚科の医師の診察をおすすめします。

中度

皮膚に火ぶくれができるようであれば中程度のやけ

どです。この場合、すぐに患部を冷水で冷やしながら、すぐに外科または皮膚科の医師の診察を受けてください。

重度

皮膚が白くなり、痛みがほとんどないようなら重度のやけどです。患部をすぐに冷水で冷やすのはもちろんのこと、すぐさま外科または皮膚科の医師の治療が必要となります。

重度の場合は、適切な治療が不可欠となります。治療を怠ると、皮膚が感染を起こし、痕が残ってしまいます。

患部を冷やす時間の目安はおよそ20分程度です。それでも痛むようならさらに冷やしましょう。衣服を着たままの場合は、無理に脱いだりせず、そのまま冷やします。

やけどによる火ぶくれは、破れないように保護します。

口の中をやけどしてしまったら

アッアツのうどんや揚げ物はとてもおいしいものですが、口の中のやけどには注意したいものです。特にお子さんは、熱い食べ物で口の中をやけどしたりしやすいのです。お子さんの場合は、驚いて飲み込み、喉までやけどしてしまうケースもあるようです。

このような場合、まず子供を落ち着かせることが大切です。落ち着かせるには、少量の水や牛乳を飲ませましょう。これは、落ち着かせるだけでなく口の中を冷やす効果もあるので、大人のやけどの際にも有効です。

もちろんこれはあくまで応急的なことなので、口の中に水ぶくれができたり、患部がいつまでも痛むようなら、すぐさま医師の診察を受けることが必要です。

●血を止めるには

家事や仕事、庭作業などで思わぬ切り傷や擦り傷、刺し傷などで出血してしまうことが多々あります。ちょっと深く切ってしまった場合は、つい慌ててしまいます。そんなときのための止血法をここではご紹介しましょう。

止血の仕方

切り傷などの応急手当の第一歩は止血にあるといえます。止血方法には大きく分けて二通りあるので覚えておきましょう。

直接圧迫止血法

①清潔なガーゼやハンカチ（滅菌ガーゼだとなおよい）を厚めに重ねて傷口にかぶせる。その上から患部を強く圧迫して止血。
②さらに包帯を強めに巻いて、傷口を心臓よりも高くしておく。

止血点を圧迫する方法

止血点の圧迫方法は、基本的に患部を指で押さえるものです。

また、次の方法もあるのでご紹介します。この止血法では、30分に1度、圧迫を少しゆるめ、血液が通るようにしてやるといいでしょう（この場合は止血した時間とゆるめた時間を記録しておく）。

①傷口より心臓に近いところに、三角布やタオルなどをおよそ5センチの幅にたたんで強く巻き、結び目を作る。
②結び目に棒を通す。
③棒を回転させて巻いたタオルなどを強く締めつける。

変わったロシアの止血法

さて、ここではロシアの止血法を紹介します。特別珍しい野草ではないのですが、日本のオオバコとは違う成分が入っているのかもしれませんので、現実的とはいえないかもしれませんが、覚えておいて損はないでしょう。

・ロシア

オオバコの葉を当てる

ロシアでは、切り傷や擦り傷に洗ったオオバコの葉を当てると出血がすぐに止まるとされています。

日本ではヨモギの葉をもんで当てるとよいといわれます。また、その名もズバリ「チドメグサ（血止草）」というセリ科の植物の汁も止血に使われます。

出血の種類

ケガなどで出血する場合、その出血は場所によっていくつか種類があります。

①毛細血管からの出血
②静脈からの出血
③動脈からの出血

毛細血管からの出血は、赤い色でにじみ出るような出血となります。静脈からの出血の場合、赤黒い色でじわじわと出血してきます。問題は動脈からの出血。鮮やかな赤色で勢いよく出血します。

毛細血管、静脈からの出血の場合は、止血点（傷口よりも心臓に近く、外側から圧迫できる動脈も部位）を圧迫して止血する必要があります。しかし、動脈からの出血については、止血と同時にすみやかに救急車を手配して病院で手当しないと、出血多量で生命の危機にさらされることとなります。

●急な歯痛と歯ぐきの腫れには

歯の痛みも突然やってくることがあります。真夜中に突然歯が痛みはじめた……なんてこともあるのです。

そもそも、歯の痛みは虫歯などの存在によって起こされます。歯の痛みは痔とともに、人生において最も耐えがたい痛みといわれています。夜中に歯の痛みで目がさめたら、ちょっとやそっとのことでは眠れなくなるでしょう。

そこで、歯の周りのツボを使った痛みを和らげる方法を覚えておくと、役立つことでしょう。各国の知恵をご紹介する前にお教えします。

歯の指圧

下あごの歯に痛みがある場合、痛む側の大迎《だいげい》と呼ばれる部分と下関《げかん》を3秒ほど親指で静かに押します。(これを20回ほど行う)

上あごの歯に痛みがある場合は、痛む側の四白《しはく》と呼ばれる部分と頬車《きょうしゃ》、巨梁《こりょう》を、親指で静かに押します。

いずれの場合も、さらに痛む側の手の合谷《ごうこく》をもみほぐします。この時、合谷に痛みを感じますので、痛みがなくなるまでよくもみほぐします。

図の温溜《おんる》、曲池《きょくち》、内関《ないかん》も同様に押してください。

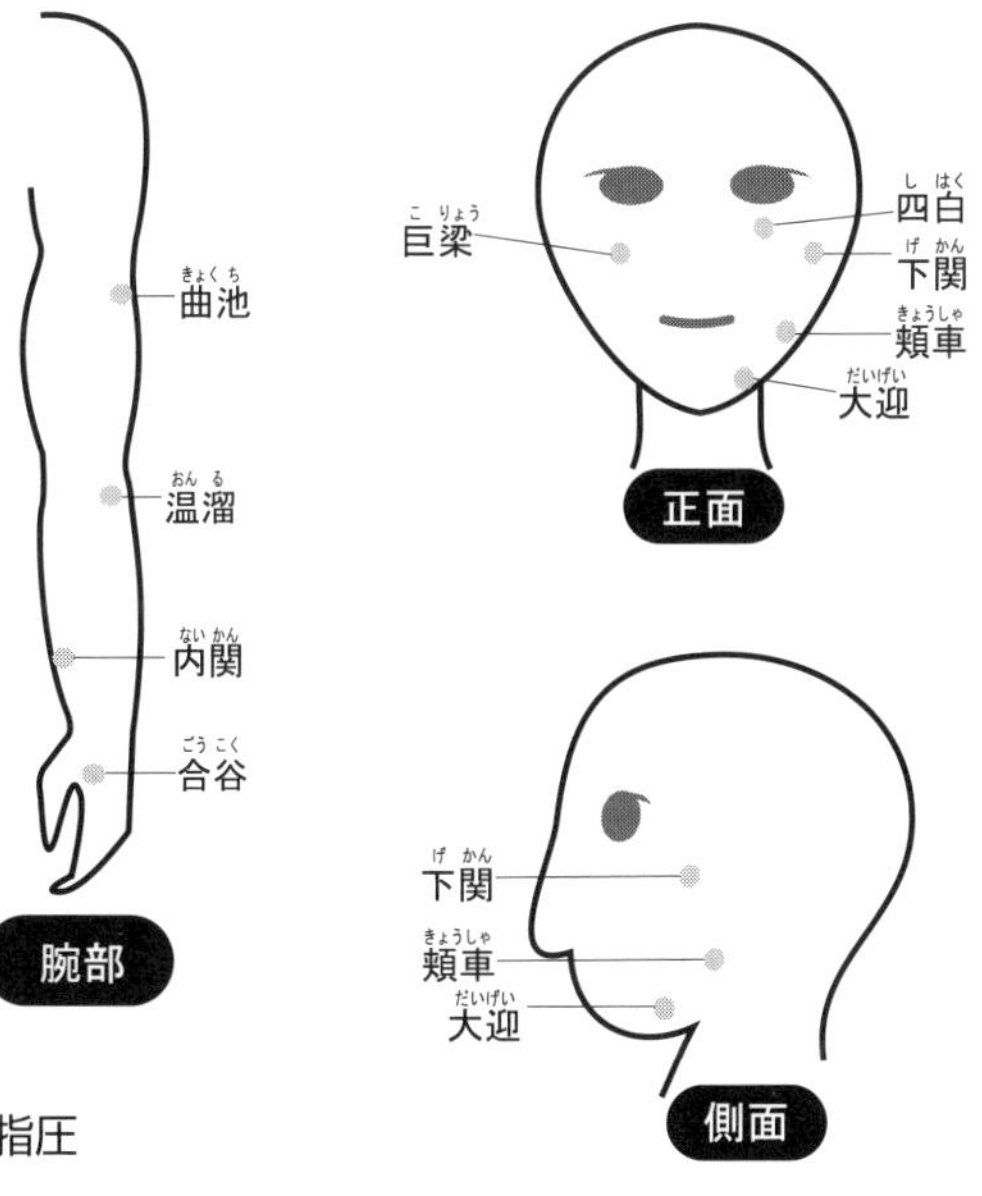

▲歯の指圧

腫れていて患部が熱く感じるときは、水で濡らしたタオルをその部分に当てて冷やし、安静にします。いずれの場合もあくまで応急処置ですので、その後歯科医の診察を受けることをおすすめします。

●日本の知恵

日本古来の痛み止め法は、種を除いた梅干しを頬に当てるというものです。これによって、痛みにともなう熱が取れるといわれています。また、変わったところでは正露丸を痛む歯に詰めるという人もいます。

・フィリピン

虫歯になってもハミガキ

歯磨きのときに使うものとばかり思っていた練り歯磨きが、虫歯で痛くなった部分に練り込んで使われます。何となく気持ちはわかりますが、効きそうにはない対処法だと思われます。

・ロシア

スライスにんにくを歯ぐきにすりつける

ロシアでは、にんにくをスライスした断面を、痛む歯周辺の歯ぐきにすりつけるという方法がとられています。こうするとすぐに痛みが抑えられ、腫れもひいてくるそうです。

・インド

クローブの実を噛み締める

さすがはスパイスの国。インドではクローブの実を痛む歯で噛み締めます。強い収斂作用によって数時間は痛みを感じません。

いずれの方法も一時的な痛み止めであり、根本的な治療ではありません。歯痛の応急処置をしたら、すぐに歯科医にかかりましょう。

しゃっくり

「ヒック」と、「しゃっくり」。

急いでご飯を食べたときやお酒を飲み過ぎたときなどによく起こりますね。

この「しゃっくり」は、何らかの原因によって、横隔膜が痙攣《けいれん》して起こるとされています。しかし、痙攣の原因について、まだよくわかってはいないようです。

この横隔膜というのは、胸の部分と腹の部分の仕切りになっている筋肉のことですが、人の体は、横隔膜を上げたり下げたりすることで、肺を上下させて呼吸をしています。

しゃっくりのときは、横隔膜が痙攣することによって、喉の奥にある声帯から、急に空気がはき出されます。その刺激によって声帯が開くことで、急に息が吸い込まれ「ヒック」という音が出るとされています。

しゃっくりは、たいていの場合、時間の経過とともに治まります。体への害はないのですが、なかなか止まらないと、高齢者など体力の落ちている人には負担になります。

最もよく行われるのは、やはりしゃっくりをしている人をびっくりさせるという方法でしょうか。でもこれ、タイミングが悪かったり驚かなかったりで、効くような効かないような、そんな印象ありませんか？

あとは背中をたたく、息を止めて冷たい水を一気に飲む、できるだけ息を止めて我慢したり、鼻を刺激してくしゃみをしたり、首筋を冷やす、深呼吸をする、といった方法で止まることもありますね。

各国のしゃっくり撃退？法

・ロシア

おまじないでしゃっくりが治まる？

手を後ろに組んでおまじないを唱えてから、手を組んだまま身をかがめてコップの水を飲む、という方法があります。

・ベトナム

たくさんの質問をする

しゃっくりをする子供にお母さんがたくさん質問。子供はそれにたくさん答えなければならず、答えているうちにしゃっくりが止まるというものです。ちょっと質問が違いますが、カンボジアなどでも同じことをするようです。

・カンボジア

小さいわらを頭のてっぺんにのせる

これは赤ちゃんに効果があるとされる方法ですが、おまじないに近いものといえるでしょう。

・イスラエル

コップの水に砂糖を入れて一気に飲む

砂糖を入れることにどういう効果や意味があるのかは不明です。でも、コップの水を飲むという点ではロシアのケースと似ています。

・メキシコ

↓ 眉間に赤いものを貼る

赤い紙切れや赤いテープ、赤い糸などを赤ちゃんの眉間に貼る（置く）としゃっくりが治まる。

・ハンガリー

↓ 片手を上に挙げながら水を飲む

これは片方の手をまっすぐ上に挙げて、コップに入れた水をもう一方の手で飲むというものです。手を挙げながら飲むというのがキモでしょうか。

このように、世界にはいろいろなしゃっくりの止め方があるようです。アメリカではコップの反対側から水を飲んだり、ロシアと同じように上半身をかがめて水を飲んだりする方法が意外とよく使われています。

いずれも少々緊張感の要る姿勢ですから、横隔膜の痙攣を抑え込みつつ気を逸らすという、案外的を射た対処法なのかもしれません。

●美容と健康の知恵《まとめ》●

やはりいつも美しくありたいといった思いと、いつまでも健康でいたいという願いは万国共通。それぞれの国で、さまざまな知恵が生活に活きているようです。

・**冷え**…冷えに対して、体を温める効能で知られるショウガを用いるのは万国共通のようです。
・**歯の手入れ**…歯の手入れに繊維質のものを用いるのは理にかなっていますね。
・**洗髪**…ビールで洗髪するというドイツの知恵もお国柄が出ていますが、試すのはちょっと、という気がします。
・**発熱**…日本の梅干しをのせる知恵に似たジャガイモの輪切りをのせるというのが興味深いですね。
・**お肌**…女性が最も気になるお肌の手入れですが、オリーブオイルからケフィア、イチゴ、ほうれん草の茹で汁まで、食べ物に関係しているところが面白いですね。
・**頭痛**…エッセンシャルオイルのお風呂というのは、日本人では発想できないような対処法です。
・**喉の痛み**…ショウガや蜂蜜を使うなど、我々日本人でも容易に想像がつくものが多いですね。喉関係ではハーブは外せないようです。フランス流タマゴ酒も一度作ってみたいですね。
・**二日酔い**…二日酔い対策としてやはり迎え酒は根本解決ではないようです。タイの「締めのバナナ」はラーメンよりもはるかにヘルシーですね。
・**長生き**…マレーシア流の長生きのコツは実践できそうです。また、何事も摂り過ぎはよくないのですね。
・**食べ合わせ**…日本では「食べ合わせ」は“悪いもの”でくくられますが“よいもの”もあるのですね。
・**止血**…止血に野草を用いるのは世界でも共通のようです。
・**歯痛**…なぜかスパイスを口に入れるケースが多いですが、フィリピンの歯磨き粉は一度試してみてはいかがでしょう。
・**しゃっくり**…しゃっくりの止め方は、ほとんどおまじないに近いのではないかと思います。様々ありますが、注意を他にそらす、という共通項があるようですね。

第2章

家事に関する知恵

家事に関する知恵編

家事のしかたも各国によってさまざまです。除菌、消臭、洗い物、補修、洗濯など各国共通の悩みですが、その対処法は、それぞれのお国柄が出ていておもしろいものです。

各種脱臭法

台所に漂う食品の臭い、タバコをはじめとする住いの臭いなど、いつの間にかついてしまう気になる「ニオイ」。ニオイの元を作らないためには清潔を保つことと、換気を心がけることが一番であることはいうまでもありませんが、ちょっとしたコツを知っておけば、臭いの発生を防いだり、すばやく消臭したりすることも可能です。

冷蔵庫の臭い取り

活性炭を含む市販の脱臭剤はもちろん、備長炭や竹炭、消し炭そのものも脱臭作用を持ちます。これらをよく洗って煮沸消毒してから冷水ボトルに入れたり、炊飯器に入れてご飯を炊いたりするとおいしくなるといわれています。抜群の吸着力が、脱臭のみならずいやな味も取り除いてくれるのです。

そんな炭の効果を冷蔵庫に利用しない手はありません。臭いだけでなく余分な湿気も取ってくれます。作用が弱まってきたな、と思ったら煮沸して乾せば何度でも使えます。経験から生まれた、日本古来の知恵といえるでしょう。

より身近なものでは、コーヒーやお茶の出し殻が臭いや湿気の吸収に一役買ってくれます。これらをよく乾燥させてから浅いお皿などに入れ、冷蔵庫の奥に置くとよいでしょう。冷気の吹き出し口付近に置くのが最も効果的です。

・アメリカ

トマトジュースで冷蔵庫内を拭く

アメリカで知られている方法ですが、酢またはトマトジュースで庫内を拭き、挽いたコーヒーまたは活性炭と重曹を混ぜたものを2～3日置くのも消臭に有効といわれます。

●冷蔵庫の除菌と香りづけ

・アメリカ

酢でカビの発生を防ぐ

カビの発生を防ぐには、酢でぬらした布でこまめに内部を拭いておくようにします。さらに香りをつけるには、バニラとレモンかオレンジのエッセンスを垂らしたコットンを庫内に入れておきます。

「脱臭」をメインに据える日本と、脱臭と同時に香りづけも行うアメリカ。アメリカの主婦の中には、わざわざ食器洗い機にレモン汁を垂らして運転させ、香りを移す人もあるくらいです。

香水をつけるときも、気にならない程度の軽い香りや、さりげなく香るつけ方を好む日本人には、あまりなじまない方法かもしれませんね。でも、これを楽しく家事をこなすための一つの知恵として覚えておくとよいかもしれません。

水道水のカルキ抜き

冷水ボトルなどに炭を入れておくと、カルキ臭が抜けて飲みやすくなります。やかんのふたを開けたまま5分以上煮沸するのも効果があります。

●魚の生臭さを取る工夫

手などについた魚の臭いを取る

汁を絞ったあとのレモンの切れ端でこすると臭いが取れて爽やかな香りがつきます。まな板なら、さらに塩をつけてからこするとよいでしょう。ショウガの切り口をこすりつけるのも効果的です。

・ドイツ

コーヒーで手の脱臭

コーヒー好きなドイツ人らしい、こんな方法も。インスタントコーヒーを少量手のひらに取り、ぬるま湯でこすり洗いするといやな臭いが取れます。

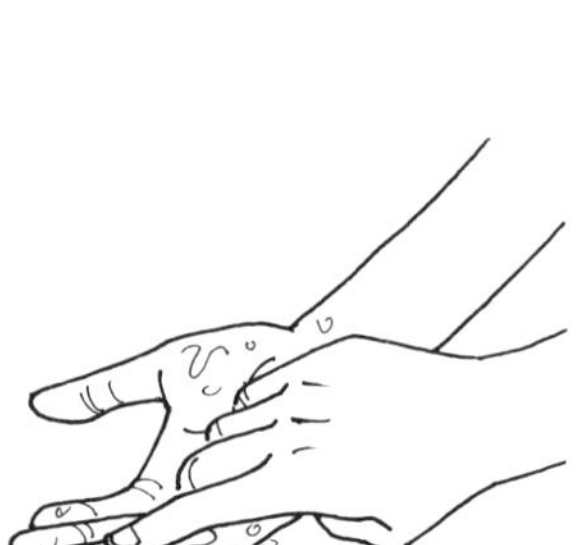

・フィリピン

トマトの切れ端で脱臭

ドイツがコーヒーかと思えば、フィリピンではトマトを使います。トマトの切れ端でこすり洗いします。

鍋についた魚の臭い

・イギリス
紅茶の出し殻で取る

鍋に半分ほど水を入れ、紅茶の出し殻をつけておきます。または、水にレモン汁を入れて沸騰させても取れます。

漂白剤の臭い

漂白剤を使った後にツンとする臭いが残ってしまったら、臭いのする場所をレモンか酢を含ませた布で拭くと消えます。

生ゴミの臭い

たまった生ゴミから悪臭がし始めたら、酢をかけてみましょう。イヤな臭いがすぐに消えます。捨てる前に悪臭予防として酢をかけておくのも効果的です。

室内の臭いを消す

冷蔵庫の脱臭でご紹介した炭脱臭法は、室内の臭いにも応用できます。炭を小さなカゴに何本か入れ、部屋のあちらこちらに置いておけば、臭いとホコリを吸ってくれます。欧米ではスパイス類を上手に利用しているようです。

●部屋の臭い消しの工夫

・アメリカ
シナモンスティックなどを入れた水を沸かす

シナモンスティック、オレンジの皮、砕かれていないクローブを水に入れて火にかけます。さらに臭いを吸収してくれるよう、部屋中の至る所に酢を入れた小さな鉢を置くとよいでしょう。

・ドイツ

⇩ コーヒーを沸かして一石二鳥

ドイツ、またまたコーヒーを利用します。調理を終えたら、コーヒーを沸かすとよいといわれています。食後のコーヒーも楽しめるので、一石二鳥というわけです。

・アメリカ

⇩ シナモンパウダーをまいて加熱

クッキングシートにシナモンパウダーを適量まいて加熱すれば、良い香りが広がります。

・フィリピン

⇩ 酢水、オレンジで臭い消し

濃いめの酢水を煮立てると、調理後の臭いを消します。また、オーブンについた臭いは調理の前後に乾燥させたオレンジの皮を焼くとよいでしょう。オレンジの爽やかな香りがオーブンだけでなく、キッチンにも広がります。

ペンキの臭い

ペンキを塗る際に、半分に切った玉ねぎを水を張ったボウルに入れ、室内に置いておくと臭いを吸い取ってくれます。

●服の臭い消しの工夫

洋服についた臭い

タバコなどのいやな臭いがついてしまったら、お風呂の後に浴室に吊るしておけば取れます。シワものびるので、一石二鳥。

洗い物のコツ

台所用の洗剤は、目移りしてしまいそうなくらい数多くの種類が市販されています。調理器具やお皿洗いだけでなく、レンジまわりの汚れ落としにも専用の洗剤があるくらいです。最近のものは、ごく少量でも泡立ちよくスッキリきれいになるので、ついつい頼り切ってしまい、何でもかんでも洗剤を使ってしまいがちです。

しかし、少しでも環境への負担を減らしたいと思っている方や、洗い物による手荒れを何とかしたいと思っている人には、おばあちゃんたちの知恵がきっとよいヒントになるでしょう。

身近な材料を使った方法なら、子供たちにお手伝いしてもらうのも安心です。水だけで汚れが落ちるメラミンフォーム製のスポンジも市販されていますので、食器の材質をよく確かめたうえで上手に取り入れるとよいでしょう。

●台所用品の洗い物の工夫

まな板の漂白

布巾の漂白も同時に行える方法です。洗いおけなどに水と漂白剤を入れ、まな板を縁に立てかけておきます。まな板の上に布巾を広げて下端が水に浸かるようにしておくと、毛管現象によって漂白剤を含んだ水が布巾の上部にまでしみ込み、まな板にも行き渡ります。そのまま一晩置いてから洗い流し、よく乾燥させます。

ふだんから使う前に表面をさっと水で濡らしておく習慣をつければ、汚れの染込みがある程度防げます。

ステンレスの水垢を除く

やかんや鍋の縁に残った白っぽい水垢は、酢またはアルコールに浸した布で拭くときれいになります。メラミンフォーム製のスポンジでもピカピカになります。

ステンレス専用の粒子の細かいクレンザーも市販されていますが、重曹でも代用できます。

アルミを磨く

水にレモン汁か酢をたっぷり入れて10分ほど沸かせば黒ずみが取れます。ただし、その後は、酸が残らないようにしっかり落とさないと、腐食してしまうので注意。逆に、漂白剤やアンモニア、重曹を使うと変色するので、アルミ製のものに用いてはいけません。

このほか、玉ねぎを煮立たせる方法（イギリス）やリンゴの皮を10分ほど煮るという方法もあります。

クロムを磨く

消毒用アルコールかマニキュアの除光液に浸したコットンで磨くときれいになります。

真鍮や銅の手入れ

酢と塩を入れたお湯につけておきます。銅に発生した緑青はアンモニアの原液と塩をつけて磨き取ります。

種類のわからない金属の手入れ

小麦粉と塩、酢を同量ずつ混ぜたペーストで汚れた部分を覆い、一晩置いてから洗い流します。

フライパンのコゲを取る

生のじゃがいものかけらに重曹をつけて磨くときれいになります。

ホーロー鍋のコゲを取る

水を入れて沸騰させ、重曹を振り入れます。そのまま10～15分静かに煮てから冷まし、木ベラなどでこそげ取ります。それでも取れない場合は、無理にこすると表面を傷めてサビを招いてしまいますので、2、3日つけ置きしてからもう一度こそげ取ってみます。

試してみました！

ふきこぼれ跡が焦げ付いてしまった鍋を、一回り大きなステンレス鍋に入れ、浮いてこないよう水を中に入れてから上の方法を試してみました。10分ほど煮た時点では特に見た目上の変化はありませんでしたが、冷ましてから柔らかいスポンジでこすってみたら、驚くほど簡単にコゲが落ちました。何度か繰り返せば、一度で取りきれなかった分もきれいになりそうです。

陶器のひび割れ

土鍋をはじめとする陶器にひびが入ってしまったら、牛乳を煮てみましょう。土鍋なら中にたっぷり牛乳を注ぎ、5～6分煮立てます。このとき、ひび割れた陶器のお皿が他にあれば一緒に入れて煮るとよいでしょう。また、陶器のお皿や鍋は新品のうちに米のとぎ汁で煮ておくとひび割れ防止になります。

中国では、新品の陶器を使う際に塩を入れて煮沸します。こうすると色つやがよくなるだけでなく、強度も増すといわれています。大きく割れてしまった場合でも、卵白を接着剤代わりにつけて30分ほどそっとしておけば、ちゃんとくっつきます。数日置けば水を使っても大丈夫。物を大切に使う中国のおばあちゃんの知恵です。

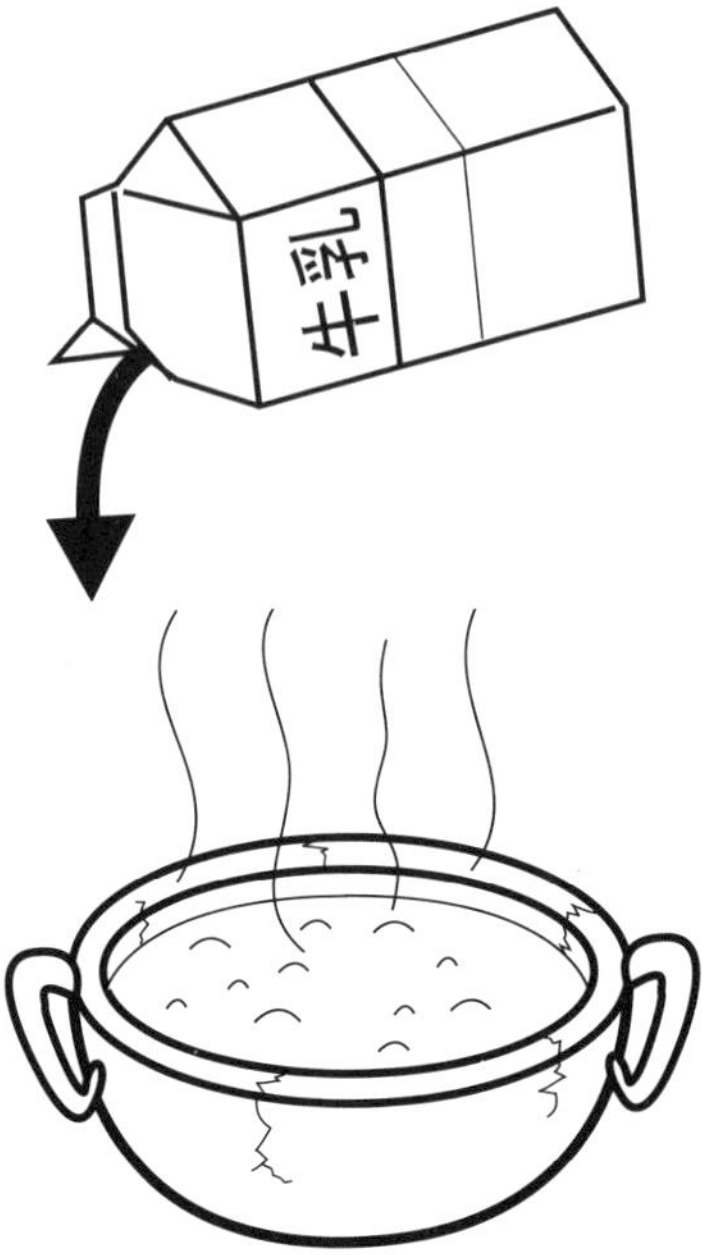

土鍋のコゲを取る

新品の土鍋は、米のとぎ汁を入れてしばらく煮ておくと水漏れが防げます。調理中に焦げてしまったときは、水と台所用洗剤を入れて火にかけます。しばらく煮立たせた後、十分に冷ましてからこそげ取るときれいになります。

ガラス製品を磨く

力を入れ過ぎないよう柔らかいスポンジで洗い、仕上げにお湯をさっとかけるとつゆ落ちがよくなります。ただし、熱いお湯はかけないこと。洗った後はすぐに乾いた布巾でこするように拭き取ると、ピカピカになります。

カットグラスの目地に詰まった汚れは古歯ブラシとクレンザーで磨くと取れます。水の痕がついてしまったら、レモンの端に塩を少々つけて磨いてみましょう。

漆器を洗う

洗剤少々とぬるま湯を使い、柔らかい布で静かに拭います。指輪をはめたまま洗うと傷ついて、そこから塗りがはげてしまったりしますので、外してから洗うようにします。

洗い終わったらすぐに水気を拭き取りますが、そのまましまうのではなく、ざるなどに広げて完全に乾いてからしまうのがポイントです。乾きが不完全だと曇りやカビの元になります。

新品の漆器には独特の臭いがありますが、薄めた酢で拭くか米の中に埋めておけば消えます。

●素材の臭いがしみつくまな板の消臭の工夫

魚を切ったあとのまな板

最初に水で洗います。お湯を使うと魚のタンパク質が変性して汚れや臭いが落ちにくくなってしまいます。水でざっと洗った後、レモンの切れ端に塩をつけてこすれば汚れとともに臭いも取れます。

・アメリカ

からし粉をふりかける

汚れを落とした後、殺菌と臭い消しのためにからし粉をふりかけて2～3分置き、洗い流します。

肉を切ったあとのまな板

水よりもお湯で洗ったほうが、脂肪分が溶けて汚れが落ちやすくなります。

ルバーブ、タマリンドを洗い物に利用する

ルバーブ（和名：大黄）をお菓子などに使う欧米や、タマリンドの産地（アフリカ、インドなど熱帯地方）では、鍋やフライパンなどを磨くのにこれらを用いる方法が知られています。ルバーブやタマリンドに含まれる酒石酸が、金属の曇りやこびりついた食べ物を取るのに有効なためです。

・イギリス

じゃがいもの切り口でこする

日曜大工に夢中になって手に汚れがこびりついてしまったら、じゃがいもの切り口でこすってから、砂糖少々を入れた石けん水で洗います。

細長い容器の内側を洗う

花瓶の内側やビン、ポットの内側など細長い容器をきれいにする方法です。卵の殻を粉々にして少量の水とともに入れ、静かに振り洗いします。これをすすげば、手の届かない部分の汚れもすっきり落ちます。卵の殻の代わりに、じゃがいもの皮を同じように使う方法もあります。

目からウロコが落ちるようなアイデアをもう一つ。入れ歯洗浄剤（錠剤）で洗う方法です。細長い容器だけでなく、さまざまな洗い物に使えます。茶渋のついた湯飲みは一晩、ホーロー製品は5～10分つけ置きするときれいになりますし、この応用でヘアブラシの汚れも取れます。

●洗剤の節約

洗剤つきスチールたわし

・イギリス

アルミ箔でくるむ

普通の汚れなら半分の大きさで十分足ります。使う前に半分ずつに切りましょう。使用中のものはアルミ箔でくるんでおけばサビを防げます。

石けんを長持ちさせる

石けんを長持ちさせる方法としては、みかんネットに入れて使う方法が日本でも古くから行われてきました。海外ではこんな方法もあります。

・イギリス

アルミ箔を張って長持ち

石けんの底を湿らせてアルミ箔を張りつけておけば、底から溶けることがなく、長く使えます。

・アメリカ

スポンジで石けん長持ち

石けんを直接ソープディッシュにのせるのではなく、皿の形に合わせて切った薄いスポンジを敷いてからのせておきましょう。石けんの水分が切れて快適に使えるだけでなく、敷いてあるスポンジを使って周辺を掃除することもできて一石二鳥です。スポンジは時々すすぎ洗いして清潔にしておきましょう。

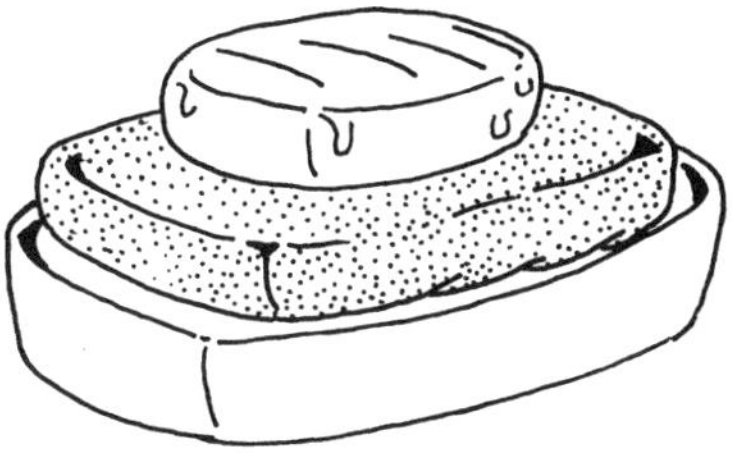

掃除のコツ

お掃除で一番大切なことは、「毎日続けること」といわれます。汚れはついた時点で落とすのが原則とわかっていても、忙しいとついつい「そのうちに」などと延ばしてしまいがちです。

気がつけばしっかりこびりついてしまった様々な汚れが……。でも大丈夫。いつものお掃除にひと手間かけるだけで、楽々汚れが落ちるコツがたくさんあるのです。

試してみれば、時間をかけなくても清潔で快適な住まいを保つことは可能だと実感できるでしょう。

●窓ガラス・浴室の鏡を磨く

ゴムべらのついたT字型の専用器具を軽く濡らして拭う方法が最も手軽できれいになりますが、特別な器具を使わなくてもガラス掃除はできます。よく知られているのが、古新聞で磨く方法。古新聞を湿らせて磨き、後から乾いた新聞紙で乾拭きすれば、窓ガラスはピカピカになります。

新聞紙のインクは窓の汚れ落としや曇りを防ぐのに有効だといわれていますから、浴室の鏡磨きに応用してもよいでしょう。この方法は日本だけでなく、フィリピンでもポピュラーだそうです。

浴室の鏡は、磨いた後に曇り止めをしておきましょう。石けんやシャンプー液を薄く塗って軽く洗い流すと曇りにくくなることが知られています。じゃがいもの切り口でこすったり、車用の曇り止め剤を使ったりするのも有効です。

・アメリカ
コーヒーフィルターで窓ガラスをキレイに

コーヒーフィルターで窓ガラスを磨く方法が知られているほか、鏡一面にシェービングフォームを塗ってから、柔らかい布で拭き取る曇り防止法などがあるようです。

●排水口の詰まり

排水口には流れ込むゴミを除くバスケットと、おわんを伏せたような形のトラップがあります。基本的にはこれらの周囲と、トラップを外すと見える排水管の中の汚れを定期的に落とすことで、詰まりを防ぐことができます。

だいたい1カ月も使えば油の混じった汚れがたまって水が流れにくくなってくるので、少し流れが悪いな、と思ったら掃除しましょう。

排水口は常に水に触れているため、取れなくなるほど汚れがこびりつくのは稀です。洗剤を少々つけて古い歯ブラシでこすってやれば簡単に落ちます。毎日ポット一杯ほどの熱湯を注ぐのも汚れ防止に効果的ですし、最近では、排水口バスケットに吊るしたり、排水口の入り口に置いたりして、少しずつ長時間効くタイプの洗浄剤もあります。これらを利用するのもよい方法です。

それでもついてしまった汚れを、簡単に落とす方法をご紹介します。

詰まりを除く工夫

・アメリカ

錠剤を使う方法

排水口に鎮痛剤や風邪薬など発泡性の錠剤を数個入れ、酢をカップ1杯注ぎます。そのまま2~3分ほど待ってから熱湯を注ぐと通りがよくなります。

塩と重曹を使う方法

塩と重曹をそれぞれカップ1杯ずつ入れ、鍋いっぱいの熱湯を注ぎ込むと油汚れが溶けて通りがよくなります。これを定期的に行えば詰まりを防ぐことができます。

酢と重曹を使う方法

まず熱湯を注ぎ入れます。次に酢2カップを、続いて重曹1/4カップ、さらに酢を1カップ追加して10分以上置きます。最後に熱いお湯で流すとすっきり流れます。

・ドイツ

じゃがいもの茹で汁を使う方法

じゃがいもを使うのはドイツならでは。茹で汁を温かいうちに流すと、汚れ落としだけでなく臭い消しにもなります。

●ステンレスをきれいにする

水アカで曇りがちなステンレスは、重曹を振りかけて酢を含ませた布で拭き取るように磨くとツヤが出ます。メラミン製のスポンジを水に濡らして拭くだけでもきれいになります。古い歯ブラシと練り歯磨きを使えば、蛇口の裏側など細かいところの汚れもスッキリ落ちます。

試してみました！

重曹と酢を使って拭き掃除をすると、シミひとつなくピカピカになります。クレンザーを使うと細かい傷がついて曇りの原因になってしまいそうですが、この方法なら気持ちよく使えそうです。

酢とベーキングパウダーでも同じようにきれいになりましたが、研磨剤としての効果は重曹のほうが高いように思いました。また、ホーロー引きのレンジまわりでも威力を発揮してくれましたが、焼け焦げのようなガンコな汚れは、重曹に酢を振ってしばらく置いてからのほうが落ちやすいです。

●トイレの便器をきれいにする

トイレの便器は、汚れたつどブラシでさっとこする程度のちょっとしたお掃除できれいに保つことができます。洗剤がすぐに流れてしまわないよう、便器の内側にトイレットペーパーを敷いた上に洗剤をかけ、しばらく置いてからこすり洗いをするとだいたいの汚れは落ちます。

しかし、いったん汚れがこびりついてしまうと落ちにくいのも事実。こびりついた便器の汚れは、尿中に含まれるアンモニアや水アカ、カルシウムなどが混ざり合ったもの。目の細かい防水性の紙やすりでこするのもひとつの手ですが、より簡単に落としたいなら、酸性の洗剤や食酢を使うのがおすすめ。

便器内の汚れ成分の多くはアルカリ性ですから、酸性の洗浄成分が効くのです。これらのいわば正攻法に対して、「飲み残しのコーラで洗う（ドイツ、イギリス）」、「市販の粉末ジュースをボウル一杯注ぐ（アメリカ）」などの裏技的な方法もあります。

これらはいずれも発泡性や酸性の成分による洗浄効果を狙ったものといえるでしょう。粉末ジュースの場合は、細かい粉末によるクレンザー効果もあるのでしょう。ただし、食べ物をむやみに掃除に使うのはちょっと考えものです。

●石灰分の染み

・アメリカ

※酒石英と酢を混ぜたペーストを使う

排水口や蛇口についた石灰の沈着物を除くには、酒石英と酢を混ぜたペーストを使うとよいでしょう。

※酒石英：重酒石酸カリの別名。Cream of tartarの名でお菓子作りや医薬品に用いられている膨張剤。英米では調味料のひとつとして市販されています。日本でも一部の百貨店で入手可能ですが、ベーキングパウダーで代用しても構いません。

・ドイツ

酢を染み込ませた布を蛇口に

酢を染み込ませた布を一晩蛇口に巻きつけておくと沈着物が取れます。

●陶器やシンクや便器についた染みを取る

練り歯磨きは弱い研磨剤として使えます。古歯ブラシにつけて陶器のシンクをこすり、水で洗い流すか、布で拭き取っておきます。気がついたときにすぐ掃除できるように、洗面台には常に掃除用の古歯ブラシを備え付けておくとよいでしょう。

・ドイツ

⇩古くなった牛乳で

ドイツでは古くなった牛乳で磨く方法が使われています。

●フローリングについた油染みを取る

染みのついたところを無機アルコールで洗ってみましょう。これで取れないときは、ナフタリンを使います。床の仕上剤にもよりますが、塗料用のシンナーも有効です。ただし、いずれの方法でも床材を傷める恐れがありますので、あらかじめ目立たない場所で試してから用いたほうがよいでしょう。

●油脂類が床に落ちたら

その場所に塩か小麦粉をたっぷりとのせて脂を吸い込ませ、拭き取ります。その後、食器用洗剤で洗っておけばさらにきれいになります。

●オーブンのガラス扉についた汚れを落とす

・直接拭き取る方法

重曹を水少々に溶いてペースト状にし、ガラスの上に塗ります。10分ほどそのまま置いてから、水拭きするときれいになります。

・蒸気の力を借りる方法

酢を垂らした水を蒸気が上がるまで加熱し、汚れが弛んだところを拭き取ります。

●ガスコンロ周辺の油汚れ

飲み残しのビールがあれば、汚れに直接かけて5分ほどおいてから拭き取ると、きれいになります。重曹またはベーキングパウダーを振りかけ、酢を垂らすのも効果的です。

●家具に貼られたシールをはがす

はがしそこなったシールや、時間がたってぴったりくっついてしまったシールは、その部分にドライヤーを当てて少しずつはがします。

酢を含ませたキッチンペーパーで「湿布」し、ボロボロになってからはがす方法もあります。

●包み紙についたセロハンテープ

きれいな包装紙などを再利用したいとき、セロハンテープがきれいにはがれなくて苦労したことはありませんか。そんなときは、包装紙の上から低温にセットしたアイロンをさっとかけるときれいにはがせます。

試してみました！

紙袋に貼りついたセロハンテープで試してみました。アイロンを１回さっとかけただけではははがれませんが、テープが溶けない程度に何度かこするようにかけるときれいにはがれます。テープをまんべんなく温めることがコツのようです。

●浴室のカビ退治

専用のカビ取り剤を使う前に、熱湯をかけてみましょう。2度3度と繰り返すうちにカビが死んできれいになります。

●ホコリを立てずに玄関掃除

玄関は、外から持ち込まれた砂ですぐに汚れてしまいますし、掃き掃除をしようとすると細かい塵が舞って、掃除をしているのかホコリを周囲に広げているのかわからない状態になりがちです。

ホコリを立てずに玄関の掃除をするコツは、濡らした新聞紙を細かくちぎったものか、お茶の出し殻をまいておくこと。これで掃き掃除もスッキリと行えます。お茶の出し殻をさらに煮出した汁はフローリングの拭き掃除に使うとツヤが出ますから、その後に玄関掃除にも再利用するとよいでしょう。

●白木は米のとぎ汁で磨く

白木を磨くには、昔から米ぬかがよいとされてきました。ぬかに含まれる油分が自然のワックスになるのです。現代では米ぬかを常時用意するのは難しいので、代わりに米のとぎ汁を使います。とぎ汁に溶け出したぬかでも、じゅうぶんに輝きが出ます。

●網戸の掃除

片面ずつ拭き取ってもなかなかきれいにならない網戸の汚れは、両面から同時に拭くのがコツ。両手に乾いたスポンジを持ち、網戸をはさんで同方向にもみ込むように動かします。次に同じようにして薄めた洗剤液でこすり、仕上げに水を含ませたスポンジですすぎます。重要なポイントは、両面の力加減を平均させること。偏った力がかかると網にたるみが出てしまいます。

あまりにも汚れがひどいようなら、強い雨の日にサッシごと外して壁などに立てかけておき、雨に洗い流してもらうのもひとつの手です。ただし、雨にも空気中の塵が含まれていますので、止んだら水道水で全体を流しておくのを忘れずに。

●障子の黄ばみを取る

日に焼けて黄ばんだ障子は気になるものです。障子の張り直しはけっこう手間ひまがかかりますが、黄ばみだけをうまく取る方法があります。大根おろしを作って汁を器にしぼり取ります。これを刷毛につけてサッと障子に塗るだけ。乾いたあとは見違えるような白さになります。

●畳の黄ばみを取る

黄ばみが目立つようになった畳は、ホコリを除いた後、酢を含ませて固く絞った雑巾で拭くとよいでしょう。また、抹茶を溶いた水で拭くと青みが戻って清々しい香りが漂います。

●カーペットに焦げ跡ができたら

うっかりタバコなどを落としてカーペットに焦げ跡をつけてしまったら、まずは焦げた部分をカッターややすりでこそげ取ります。だいたいきれいになったら、同じカーペットの目立たない部分から切り取った共布か、もしくは同色のカーペット生地を用意します。焦げ跡に接着剤を薄く塗り、共布の毛先をカットしてまんべんなく埋め込むようにすると目立たなくなります。

●畳に焦げ跡ができたら

オキシドールを使って、その部分の脱色をして目立たないようにします。

●カーペットや畳についた家具の跡

カーペットや畳に残るへこみはアイロンで直します。畳の場合は、へこんだ部分にたっぷりと霧を吹いて湿らせてからアイロンをかけます。カーペットなら、その部分をよくほぐしてからスチームアイロンを当て、仕上げにブラシで毛を起たせるようにすると直ります。

●クレヨンを落とす

柱や木の家具についたクレヨンを落とすには、厚めの布をしてアイロンをかけます。アイロンの熱でクレヨンが溶けて布に吸収されるのです。何度か繰り返すうちに薄くなってくるので、最後は住居用の洗剤とクレンザーを含ませた布で拭き取ります。

●壁の汚れを落とす

ビニールクロスの壁紙や漆喰の塗り壁についた汚れは、軽く消しゴムをかけるときれいになります。あまり力を入れ過ぎると、そこだけが白く目立つようになるので、少しずつ様子を見ながらにしましょう。洗剤をつけて拭くときも、部分的にきれいになり過ぎるとかえって目立ってしまうので、少々汚れた布で拭いたほうがよい場合もあります。

●柱や木の壁にあいた穴

釘穴のような小さな穴をふさぐのに有効な方法です。まず、つまようじの先に木工用ボンドを塗り、穴に押し込みます。余分な部分を丁寧に切り取り、サンドペーパーをかけるとよくなじんできれいに仕上がります。

●換気扇の油汚れ

油汚れのひどい部分には小麦粉をたっぷりまいて数時間置きます。小麦粉が油分を吸ってくれるので、布で拭き取れば汚れが落ちます。軽く住居用洗剤で洗っておけばさらにきれいになります。洗剤をしみ込ませたキッチンペーパーで数時間湿布しておくのも、こびりついた油汚れに効果的です。

洗濯のコツ

衣類についた汚れのうち、7割程度は水洗いだけで落ちるといわれています。しかし、油性の頑固な汚れや、洗ううちに気になってくる黄ばみなど、ひと手間加えないとなかなかきれいに落ちないものがあるのも事実。また、洗濯物の干し方やアイロンがけにもコツがあるのです。

今ほど電化製品が発達していなかったころ、おばあちゃんたちは古くから伝わる「コツ」を頼りに洗濯をしてきました。だからこそ、洗濯機では落としきれない汚れにもおばあちゃんの知恵が生きてくるのです。

●白い衣類の干し方

白っぽい衣類を洗ったら、直射日光に当てて乾かし、すぐに取り込みます。長時間放置しておくと逆に黄ばみの原因になります。

より白く仕上げたいなら、洗った後に熱湯に浸け、同じく直射日光で乾かします。

●色柄物の色もちをよくする

イタリアのおばあちゃんの方法です。水と酢を8：2の割合で混ぜ、そこに10～20分浸けておきます。あとは冷水ですすいで陰干しを。

また、塩には色どめ効果がありますので、色落ちしやすい衣類は塩水につけてから洗うと、色落ちが少し抑えられます。

▲酢と水を混ぜたものに10～20分浸けておく。

●洗濯物に不快な臭いが発生しないように干す

梅雨どきなど、湿気の多い時期に洗濯物を干すと乾きが遅く、せっかく洗った衣類にイヤな臭いがついてしまいます。臭いの原因は雑菌の繁殖によるものですから、洗う段階でしっかり殺菌しておく必要がありますす。具体的には、洗うときに洗剤だけでなく漂白剤を足しておくこと。干すときは洗濯物の間に十分風が通るように余裕を持たせます。

●水よりお湯で

水で洗うよりも、ぬるま湯で洗うほうが汚れ落ちはよくなります。特に酵素を含んだ洗剤は、体温に近い温度のほうが酵素の働きがよくなるので、お風呂の残り湯を上手に活用しましょう。残り湯で洗うとかえって汚れがつくのではと心配になるかもしれませんが、洗剤の働きにより汚れ成分が衣類に移ることはありませんので、ご安心を。

●部分洗いでさらにきれいに

特に汚れが目立つ部分は、洗濯機で洗う前に軽く手洗いしておくとよいでしょう。問題の部分を水で湿らせ、古歯ブラシに石けんか洗剤少々をつけて叩いたり、場合によってはもみ洗いしておきます。

●油の染みた汚れ物

スポーツ用のアンダーシャツなど、全体に汗と油分がしみ込んでいるものは、塩を加えたお湯で煮洗いするとよいでしょう。襟や袖口のアカはベンジンで叩くか、多めに洗剤をつけて部分洗いしてから洗濯機にかけます。

●洗剤の注ぎ足しは無駄

一度使った洗濯液に洗剤を足して洗うのは全くの無駄。汚れた水に注ぎ足しても、洗う力は半減してしまいます。そのまま使うか、あまり水が汚れているようなら全部交換してから洗いましょう。

●柔軟剤を切らしたら

柔軟剤が切れたときは、洗髪用のコンディショナーで代用できます。ぬるま湯であらかじめ溶いておけば固まらず、よくなじみます。

●セーターを洗う

洗面器にぬるま湯を張っておしゃれ着用洗剤を溶か

します。セーターをたたんだままゆっくり浸け、静かに、押し洗いします。すすぎは、ぬるま湯を何度か替えながら押し洗いの要領で2、3回水を替えて行います。すすぎが終わったら、バスタオルの中にセーターをはさんで水気を吸い取らせるか、洗濯ネットにたたんで入れて20秒くらい軽く脱水します。干すときは型くずれしないよう、金網やお風呂のふたなどに水平に広げ、風通しのよい場所で陰干しします。

・ドイツ

シャンプーで洗濯する？

ドイツ人主婦の中には、素肌に着ても安全という理由から、洗髪用のシャンプーで洗う人もいるようです。

●セーターの袖口が伸びたら

セーターの袖口が伸びてきたら、アイロンを使って直します。まず袖口を木綿糸でザクザクと並縫いで閉じます。縫い終わったら糸を少し絞り、袖口の形を整えます。この状態でスチームアイロンをかけますが、押し付けず数ミリ浮かせたまま、スチームがたっぷりかかるようにします。袖口が引き締まってきたら、そのまま自然乾燥させます。

●ジーンズの洗濯

インディゴブルーの色合いを保ちたいなら、蛍光染料入りの洗剤は使わず水で洗います。特に汚れのひどい部分だけをあらかじめつかみ洗いしておけば、きれいに仕上がります。逆に、長年はき込んだような風合いにしたい場合は、蛍光染料入りの洗剤で洗うと早く効果が出ます。

●木綿のシャツは脱水しない

木綿のシャツは洗いジワができやすく、脱水してから干すとどうしてもシワシワになってしまいます。すすぎが終わったらすぐにハンガーにかけ、よく布地を引っ張って形を整えてから干します。外に干すなら問題はありませんが、夜間などで室内に干す場合は、水が落ちなくなるまでは浴室で、ある程度乾いたら風通しのよい室内か外に移動させましょう。

●服のテカリや汗ジミ

酢を入れた薄い塩水をスポンジに含ませて拭きます。

●スチームアイロンの目詰まり

スチームの出が悪くなったら、水を入れるタンクに酢を入れ、熱します。やがて汚れが溶けてスチームが出るようになったら、酢を捨てます。

●アイロンで布を光らないようにする

ギャバジンやサージなどは光りやすい材質です。アイロンがけをした後に光ってしまわないようにするには、酢を含ませた布で衣類をさっと拭いてからかけるようにします。アイロンは、必ず当て布をしてスチームで。こすらず、少し押すようにかけるのがコツです。

●衣類のシミ抜き

服にシミがついた時点で気がついたら、すぐに水またはお湯でつまみ洗いするだけで案外落ちるものです。早い時点で応急処置を施したか否かで、汚れの落ちは違ってきます。水溶性のシミなのか、油性なのか、また、タンパク質を含んでいるか否か、衣類の材質によっても対処方法は異なります。お気に入りの服をシミやシミ抜きの失敗で台無しにしないよう、基本をしっかり覚えておきましょう。

シミ抜きは衣類の裏から

シミ抜きをするときは、吸い取り用のタオルやハンカチ、それらがなければ厚めに敷いたティッシュの上にシミのついた面を当て、必ず裏側からシミ取りを始めます。汚れの種類によって使うものは異なりますが、布の裏側にシミ取り用の材料を垂らし、布を巻きつけた指や古歯ブラシなどでその部分をトントンと叩いて落とすのは共通しています。こうすると汚れは当てておいたタオルに吸い込まれてゆきます。慌ててこすったりすると汚れが広がる恐れがあるばかりか、布地を傷めてしまいます。

最初は水かお湯で落とし、それでも落ちなければ洗剤で、もっとガンコなシミにはそれぞれの性質に応じた専用のシミ抜き剤を使う、というように段階を追って洗浄力の強いものを使うのが布地を傷めないコツです。自力では落ちないと判断したら、早めにクリーニング店に持っていきましょう。

赤ワインのシミ

塩を多めにつけてワインを吸い取らせ、これを除いてから酢少々を垂らします。最後に水を含んだタオルで軽くたたいて仕上げます。白ワインを垂らして、叩き洗いしても効果があります。

お酒やビール

すぐにぬるま湯で洗い、冷水ですすぎます。その後、酢で洗っておくとさらに効果的です。熱湯やアルカリ性洗剤を使うとよけいに取れにくくなるので避けます。

お茶やコーヒーのシミ

こぼしたらすぐに濡れたタオルで拭き取って応急処置を。水洗いしてよく糖分を取り除くようにします。

油性ボールペン

ベンジンで叩き洗いするか、ぬるま湯で溶いた洗剤をつけて落とします。

化粧品

口紅、ファンデーションなど化粧品の汚れはベンジンで油分を除去するか、アルコールで湿した布で叩きます。

血液

水で洗った後に大根の切り口で叩いたり、唾液を混ぜた水に浸すという方法が古くから知られています。

大根や唾液に含まれる消化酵素の働きで2、3日たった汚れでもきれいに落ちます。この他、アンモニア水で洗うという方法もあります。

ここで注意したいのは、お湯ではなく、必ず水で洗うということ。お湯で洗うと血液に含まれたタンパク質が変性して落ちにくくなります。

卵

タンパク質の変性を防ぐため、熱湯は避けます。水洗いで十分落ちます。

ガム

氷をポリ袋などに入れてガムに直接当てます。十分に冷えて固くなってからはがすと、きれいになります。

この方法は床やカーペットに落ちたガムにも応用できます。

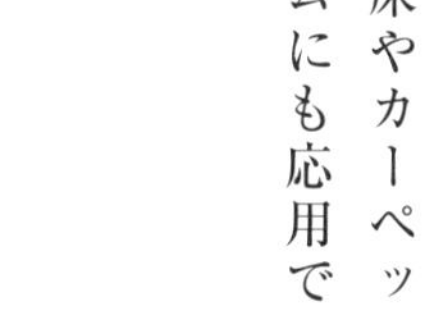

バターなどの油脂類

シンナーかアルコールを含ませた布で叩きます。布を傷めやすいので、シンナーを合成繊維に使ってはいけません。換気も十分に行いましょう。

頑固な襟・袖口の汚れ

ベンジンで叩くか、薄めた台所用中性洗剤で叩きます。時間がたつと取れにくくなるので、白いものなら漂白します。

ふだんから3～4回に一度の割合で、洗う前にベンジンで襟と袖口、あればポケットの口を拭き取るようにすれば、汚れがこびりつきません。洗濯機に入れる前にベンジンはよく蒸発させておきましょう。

●家事に関する知恵《まとめ》●

日常に欠かせない身近な知恵の中でも、家事に関するものは最も多いでしょう。とにかく洗剤を使うというよりも、ちょっとした知恵でよりきれいになったり、効率的に家事をこなせたりするものです。

・**冷蔵庫の脱臭**…酢またはトマトジュースで冷蔵庫内を拭くというのは驚きです。酢はカビの発生を防ぐということですから、除菌・脱臭効果があるのですね。
・**手の脱臭**…コーヒーやトマトを使って手の臭いを取るものがありました。ドイツでは手に限らず脱臭にコーヒーを使うようですね。
・**室内の臭い**…ドイツではコーヒー、アメリカではシナモンパウダーを使った脱臭方法がありました。酢も脱臭に一役買うようです。
・**その他の脱臭**…イギリスでは紅茶の出し殻で脱臭という、お国柄らしいものも。
・**磨く**…ステンレスやアルミ、クロムなど金属を磨くのは酢を使って行うものが多いですね。重曹やクレンザーももちろんありましたが、玉ねぎ、リンゴの皮を煮出してというのもありました。
・**コゲ取り**…フライパンや鍋のコゲ取りは重曹がキーポイントです。
・**まな板の消臭**…からし粉をふりかけるというのはちょっと抵抗があるように感じますが、いかがでしょうか。
・**節約方法**…せっけんの裏にアルミ箔を貼って長持ちさせる方法には脱帽。スポンジにのせるやり方は広く普及しているようです。
・**窓ガラス拭き**…古新聞を用いる方法のほか、コーヒーフィルターで、という方法もあります。
・**排水口の詰まりを除く**…アメリカの発泡性の錠剤を使う方法は興味深いですね。でも高い薬を使うのはもったいない気もします。ジャガイモの茹で汁は試してみる価値ありですね。
・**便器の汚れにコーラ！**…ちょっと驚きですが、発泡性や酸性の成分による洗浄効果ということであれば、経験？に裏づけられた知恵とでもいえるでしょうか。
・**付着した石灰分の除去**…石灰分には酢がキーポイントのようです。
・**色柄物の色もちをよくする**…イタリアの水と酢を混ぜる方法。ファッションの国からの知恵、学びたいです。
・**シャンプーで洗濯**…これは、どうでしょうか。ドイツの知恵ですが、わざわざシャンプーというのも…。みなさんはどう思われますか？

第3章

食べ物に関する知恵

食べ物に関する知恵編

食べ物の保存の知恵

スーパーの特売日に買い込んだものを、すぐにダメにしてしまった経験はありませんか。せっかくまとめ買いをしても、保存方法を知らなければ結局は無駄にしてしまいがちです。

食品にはそれぞれに適した保存法があります。冷蔵庫が普及した現在でも、正しいやり方で保存をしないと鮮度が保てなかったり、味が落ちたりしてしまうのです。

昔から受け継がれてきた方法は、現代でも立派に通用するものばかりです。おばあちゃんの知恵を学んで賢く保存しましょう。

冷凍のコツと注意

冷凍保存すればいつまでももつと思っていませんか？　冷凍保存した食べ物でも、おいしさを保てるのは加工していない肉や魚で約1カ月、調理済みのものでもせいぜい1カ月半が限度です。加工してある食品でも、挽き肉のように表面積の大きな素材を使ったものは1カ月以内に食べきるほうがよいでしょう。

野菜は冷凍する前に固めに茹でたり、炒めたりして保存すればだいたい1～2カ月程度もちます。茹でた野菜は冷凍する前にしっかり水気をきりましょう。使うときは凍ったまま一気に加熱する調理法が適しています。じゃがいものように冷凍するとボロボロ崩れてしまうものもあるので要注意です。カレーを冷凍保存する場合は、じゃがいもを取り除いてからにしましょう。

冷凍したものは容器や保存袋に日付を記入しておくようにしましょう。さらにカレンダーに保存期限の目安をメモしておけば、使い忘れによる無駄がなくなります。

お米の保存

よく乾燥させた密封容器に入れ、冷暗所に置きます。お米は臭いや湿気を吸いやすいので、注意が必要です。臭い消しと湿気取りの両方を兼ねて、竹炭や備長炭などを入れて保存するとよいでしょう。虫除けに乾燥させた唐辛子を数本まいておきます。もしもコクゾウムシの被害に遭ったとしても、慌てて捨てなくても大丈夫。コクゾウムシは熱に弱いため、しっかり天日干しをすればいなくなります。かじられた米粒は水に浮くので、研ぐ際に選り分けることもできます。よく研いで炊けば何の心配も要りません。

キャベツ

丸ごとのキャベツは、細いナイフの先を使って芯をくりぬき、そこに濡らした綿やキッチンペーパーを詰めてから冷蔵すると長持ちします。このとき、詰めた部分が下になるように置きましょう。切り分けたものは、切り口から傷んで黒ずむのを防ぐため、ラップでしっかり覆っておきます。

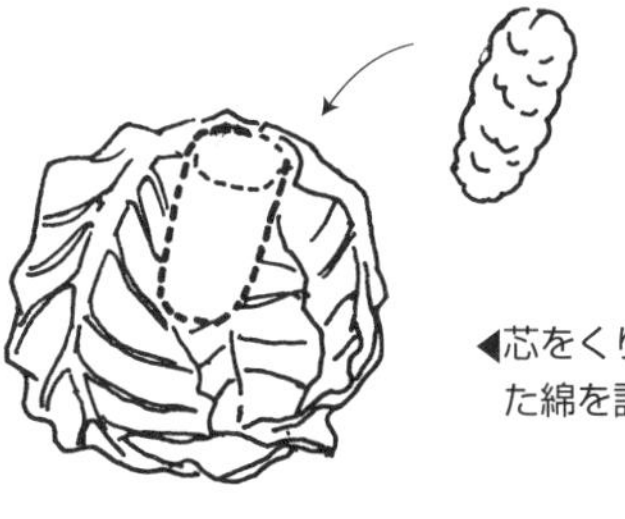
◀芯をくりぬいて濡らした綿を詰める。

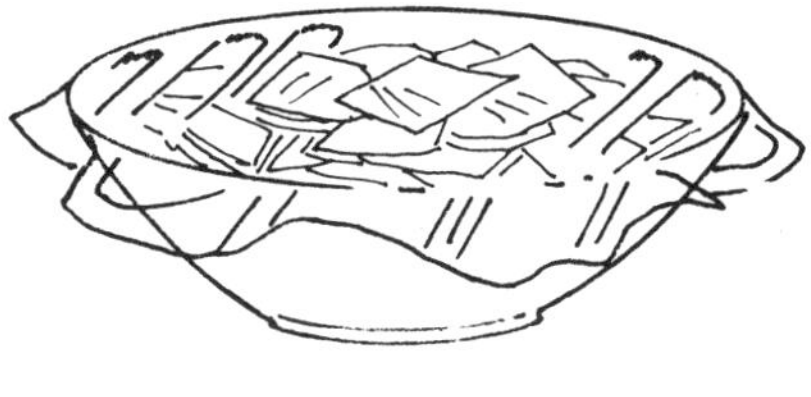
▲切り分けたらラップを。

玉ねぎ

使用前のものは包まないで冷暗所に置きます。使いかけのものは、切り口が空気に触れないようラップしてから野菜室に入れます。

ご飯

残ったご飯は一食分ずつラップして冷凍し、食べるときは解凍せずそのまま電子レンジで加熱するとおいしさを保てます。加熱する際にお酒を一振りしておくと、いやな臭いもせず、炊きたてのように仕上がります。一人暮らしでもご飯を多めに炊いて冷凍保存しておけば、食事の準備が楽になります。

パン

食パンなら一枚ずつラップしてから密閉できる袋に入れて冷凍しておきます。ロールパンならまとめて袋に入れて冷凍できます。食べる際は凍ったまま焼きます。焼かない場合は、室温に30分ほど置けばフカフカの状態に戻ります。

冷凍した食品に共通する注意事項ですが、長期間保存すると水分が抜けてパサパサになってしまいます。霜がつく前に食べきりましょう。

もやし

使い切れなかった分は、冷水に浸けたまま冷蔵庫に入れると、2日くらいはもちます。さっと茹で、酢を振ってから密閉容器に入れて冷蔵すれば1週間程度保存できます。

かぼちゃ

カビの発生を防ぐため、腐りやすい種とワタはすぐに取り除いておくようにします。

ショウガ

買ってきた状態のまま冷蔵庫に入れておくと、カビが生えるなどして結局全部使い切れないまま無駄にしてしまいがちです。保存するときは、表面が白っぽくなるまで乾燥させてからラップで包み、冷蔵庫の野菜室に入れておきます。こうしておけば1カ月程度はもちます。

セロリ

葉と茎は別々にします。葉は保存用の袋にくるんで立てたまま、茎は水を入れたコップにさして保存します。

にんにく

皮のついたまま密閉容器に入れて冷蔵庫へ。ネットに入れたままだと乾燥してしまいます。

葉物野菜の保存

ほうれん草や小松菜、白菜などの葉物は、鮮度保持フィルムまたは水に濡らした新聞紙で全体をくるみ、冷蔵庫の扉の内側に立たせて保存します。葉物は寝かせるよりも、畑に生えていた状態になるべく近い形で保存すると、鮮度が保てるのです。

▲▶葉ものは新聞紙にくるんでおくとよい。

じゃがいも

鮮度保持フィルムに包むのが最も理想的ですが、ない場合はポリ袋に入れ、冷暗所に保存します。このとき、空気がわずかに出入りできる程度に袋の口をゆるく縛っておくのがコツです。通気性を保つため、新聞紙にくるんでカゴの中に入れておくのも手軽でよい方法です。リンゴと一緒に包んでおくと、発芽を抑えることができます。

オクラ

アフリカ出身の野菜で、低温が苦手です。5度以下になると低温障害を起こします。保存するときは乾燥と冷え過ぎを避けるため、ポリ袋にしっかり包んでから野菜室に入れます。

ごぼう

できるだけ泥つきのまま買い求め、湿った新聞にくるんで冷暗所に置きます。冬なら、そのまま地面に斜めに埋めておくとよいでしょう。ただし、泥が落としてあるものは野菜用の保存袋に入れて冷蔵庫へ入れます。

里芋

元々はインド周辺が原産の南国野菜です。冷蔵庫に入れると冷え過ぎてしまいますので、濡れた新聞紙にくるんで冷暗所に保存します。暖かく湿気の多いところに置くとすぐにカビてしまうので注意。

長芋

新聞紙にくるんで冷暗所に置けば長期保存できます。また、すりおろして冷凍することもできます。使いかけのものは切り口をラップで密封して冷蔵庫へ。

とうもろこし

高温に弱いので、生のまま置くとたちまち品質が劣化してしまいます。購入したらすぐに茹でてしまいましょう。茹であがったものはラップにくるんで冷蔵または冷凍しておきます。

長ねぎ

泥つきのものは、日の当たらない土の中に斜めに埋めておくと長期間保存できます。泥のついていないものは新聞紙にくるんで冷暗所に置きます。

ブロッコリー

時間がたつとつぼみが開いて味も栄養も落ちてしまいます。すぐに使わないときは保存用の袋に入れ、野菜室に立てたままにしておきます。すぐに茹でて密封容器で保存すれば、シチューの仕上げなどにすぐに使えて便利です。

きのこ類

しめじや生しいたけなどのきのこ類は、濡れると傷みやすいので水気に当てないようにします。しめじや舞茸は2、3日天日干しすると、干しきのことして長期保存できます。

いちご

洗わず、ヘタも取らずに冷蔵庫で保存します。

パイナップル

丸ごと購入したパイナップルは、葉の部分を下にした状態で置いておきます。これはパイナップルの甘味を均一にするため。甘味成分は葉から遠い部分ほど多いので、逆さにしておくことで全体に甘みが行き渡るようになるのです。

バナナ

南国の果物なので、常温で保存します。冷やし過ぎると皮がすぐに黒くなってしまいます。

果物の冷凍保存

いちごを丸のまま冷凍保存しておくと、いちごミルクやお菓子作りに手軽に利用できます。すりおろした状態で保存すれば、簡単なシャーベットになります。りんごのすりおろしもおいしいシャーベットになります。

また、ぶどうは皮付きのまま房から外して冷凍しておきます。食べるときは常温の水に軽く浸せば簡単に皮がむけます。冷たいデザートに利用するのはもちろん、そのまま食べてもシャーベット状で美味です。

豆腐

買ってきたらパックから出し、ボウルなどに移して水につけたまま冷蔵庫に入れます。このときおいしい水につけておけば味もよくなります。

こんにゃく

袋に入っている水は石灰水で、細菌の繁殖を抑えてくれます。保存するときは水も一緒に入れておきましょう。

チーズ

冷やし過ぎると繊維が崩れてしまうので、冷蔵庫の中段くらいで保存しましょう。切り口が乾燥しないようにぴったりラップでくるみ、空気を遮断します。ナチュラルチーズは店頭に置かれている間も熟成を続けています。ブルーチーズなどの白カビ系やウォッシュタイプのチーズは、賞味期限が近づいた頃に最も風味が増してとろけるような食感になります。逆に、ナチュラルチーズの風味に慣れていない人は、あまり熟成が進まないうちのほうが食べやすいでしょう。好みに合わせて食べ頃を見極めましょう。

牛乳

においがつきやすいので、パックの口をクリップ止めしてから冷蔵庫に入れます。開封したら2～3日のうちに飲みきりましょう。

魚

刺し身のようにすぐに食べるものでも、時間の経過とともに水分が出て生臭くなりやすいものです。食卓に出す前に、キッチンペーパーで水気を拭き取っておくと臭みが防げます。また、焼いたり煮たりする場合でも調理の前に水気を取っておくと仕上がりに差が出ます。

すぐに食べず保存する際は、腐りやすい内臓を取り除いてからにします。冷凍させた切り身などは解凍すると水分が出てしまいますので、凍ったまま焼くようにします。

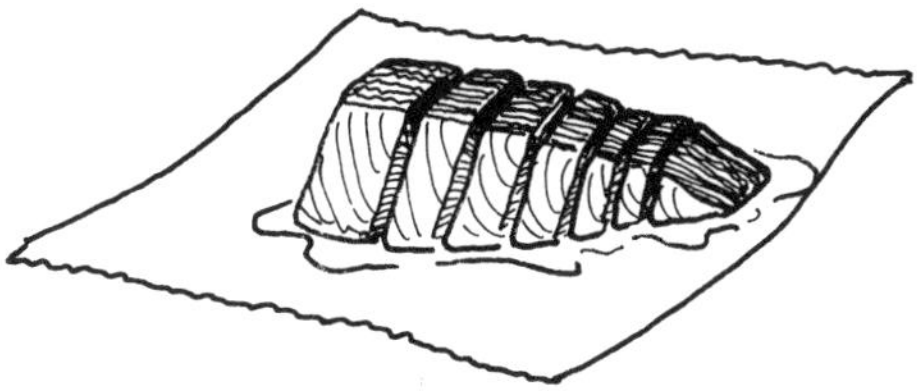

▲▼刺し身でも煮焼きするときでも調理前に水気を取る。

卵

卵は内部に「気室」と呼ばれる空気の層を持っています。保存するときは尖ったほうの端を下に向け、気室のある鈍端を上にしてやると長持ちします。気室を通して水分が蒸発するのを防ぐため、紙パックで売られている卵なら、パックごと棚に保存するのが理想的といわれています。

殻の表面がざらついているものが新鮮といわれますが、現在では殻が洗われた状態で出荷されることもあるため、新鮮な卵の表面が必ずしもざらついているとは限りません。殻の汚れが気になるからといって自分で水洗いしないようにしましょう。卵を水洗いすると急速に鮮度が失われてしまいます。気になるなら、調理の直前に洗うようにしましょう。また、雑菌が繁殖しないよう、殻を割ったらすぐに調理することも重要です。

お茶やコーヒーの保存

緑茶や紅茶、コーヒーなどは、その香りを楽しむこともあって、本来は少量ずつ購入して1週間程度で飲みきるのが理想です。お茶やコーヒーには保存する際、湿気や臭いがつきやすくなるため、必ず密封できる容器に移してから冷凍庫で保存します。あれば乾燥剤も入れておくとよいでしょう。

塩をサラサラに保つ

塩は湿気を吸うと固まりになってしまいますので、保存容器の中に炒った米粒か炭を入れておくようにします。これらは吸湿性がよいため、塩をいつもサラサラの状態に保ってくれるのです。あらかじめ塩自体を炒って焼き塩にしておけば、さらに乾燥を保てます。

砂糖をフワフワの状態に保つ

砂糖は湿気を吸うとベトつきますが、乾燥し過ぎると今度は粒どうしがくっついてカチカチになってしまいます。こんなときには、パンのかけらを入れてしばらく置くとよいでしょう。パンに含まれる湿気が砂糖に移るのです。もちろん、入れっぱなしにしないで取り除くのを忘れずに。太陽に当てるのも効果があります。

試してみました！

乾燥しきって、もう削るしかないと思われた砂糖の固まりに試してみました。一口大のパンを砂糖のポットに入れて30分ほど放置しておいたら、元どおりのフワフワに戻りました。

逆に、パンは湿気を放出してカラカラに乾いていて、効果が実感できました。

飲み残しのワイン

ワインは空気に触れるとたちまち酸化が始まって風味が損なわれてしまいます。飲み残しを製氷皿に入れて凍らせておくと、シチューの隠し味など調理に使えて無駄がありません。凍らせずそのままリンゴのワイン煮などに用いてもよいでしょう。

料理の下ごしらえのコツ

昔から料理に関しては様々な知恵が編み出されてきました。特にその工夫は、調理というより、その素材の下ごしらえや選び方にいろいろな工夫がこらされてきました。

透明な氷を作るには

水道の水をそのまま使うのではなく、沸騰させてから冷まして用いるとよいでしょう。水を沸騰させることによって中に含まれる空気が抜け、凍ったときに気泡で白く濁るのを防げるのです。凍ってゆく途中で時々静かに揺らして気泡を抜けば、さらにきれいに仕上がります。

アイスコーヒーの透明感を出す

熱いコーヒー液を濃いめに作り、時間をかけて冷や

すのではなく、氷をたっぷり入れて一気に冷やすのがコツです。

果物の変色を防ぐ

リンゴなどを切ってそのままにしておくと切り口が茶色く変色してしまいますが、切った後すぐにレモン果汁をかけるか、ごく薄い塩水に浸けると変色を防ぐことができます。

昆布でだしを取る

あらかじめ乾いた布巾で汚れを拭き取り、だしを取る水に10分以上浸けてから加熱します。水が煮立って気泡が立ち始めたら、昆布はすぐに引き上げておきます。そうしないとせっかく出た旨味成分が昆布に再吸収されてしまいます。

削り節でだしを取る

時間をかけて煮出すと雑味が出て、おいしいだしになりません。必ず水が沸騰してから入れるようにし、再沸騰したら煮立てずすぐに火を止めます。鍋底に沈んだら手早く布巾やキッチンタオルで濾して仕上げますが、市販のだしパック袋にあらかじめ詰めてから使うと手間が省けます。だしパック袋に詰める場合は一つの袋に大量に詰め込まず、お湯の中でパック内の削り節が泳ぐ程度の余裕を持たせ、複数個用いるようにすると出がよくなります。

簡易まな板

洗って切り開いておいた牛乳パックは簡易まな板として使えます。牛乳パックの内側は薄いプラスチックでコーティングされていますので、ちょっとしたものを切るのに使えます。まな板に臭いを移したくないときや、アウトドアクッキングに重宝します。

きのこの下ごしらえ

水洗いすると風味が損なわれるので、固く絞った布巾で汚れを拭き取る程度にします。味噌汁などに入れる際は、味噌を入れる直前に加えると香りが飛びません。なめこなどのぬめりは、健康によいとされるムチン質。熱湯でさっと茹でたり、塩を振ってもみ込んだりすれば取れますが、どうしても気になる人以外はそのまま味わうほうがよいでしょう。

干し椎茸をもどす

早くもどすにはぬるま湯を使い、砂糖少々を加えるとよいでしょう。浸透圧が高まるため、水を使ったときよりも5分程度短縮できます。

●固い肉の下ごしらえ

一般には、酢を馴染ませてから焼く、肉叩きでまんべんなく叩いてから焼く、などの方法が知られています。

固い肉が柔らかくなる工夫

・ドイツ

ビールをかける

世界で最もビールを消費する国らしく、ビールを使った方法が使われます。肉にビールをかけるだけで、ステーキ用の上質な肉は叩く必要はありません。包丁でところどころ筋切りしてやるだけで柔らかく焼き上がります。

・ケニア

パパイヤやメロンの皮にはさむ

アフリカのケニアでは、固い肉を柔らかくしたいときには、パパイヤやメロンの皮にはさんで一昼夜おくとよいといわれています。中華料理で酢豚にパイナップルを入れるのと同様、果物に含まれる酵素の働きを利用した方法です。

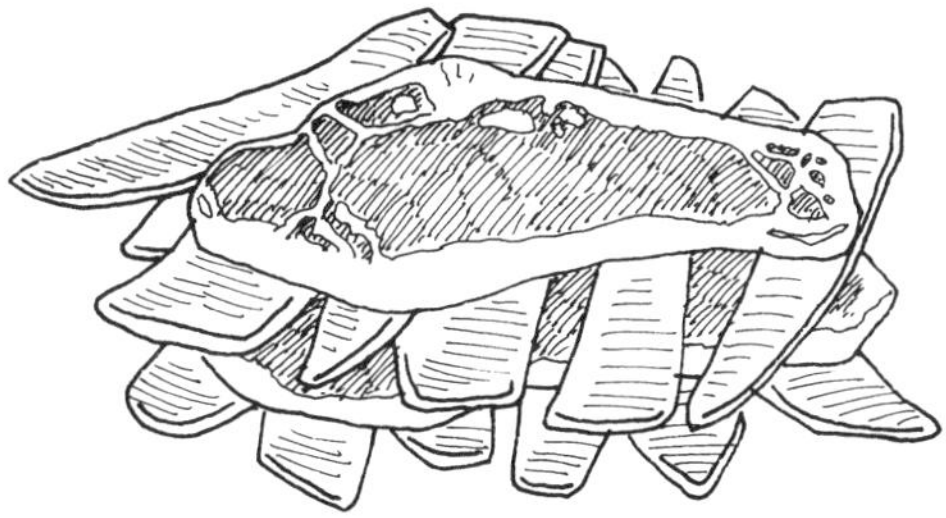

・フィリピン

フォークやナイフを使う

固い肉を煮るとき、鍋の中にフォークやナイフを4本以上入れて加熱すると柔らかくなると信じられています。

イチゴは真水で洗う

食塩水で洗うとよいといわれていますが、浸透圧が高まって表面についている農薬がしみ込んでしまいます。洗うときはヘタをつけたまま真水で、が正解です。ヘタを洗う前に除くと水っぽい味になってしまいます。

しらすやじゃこの塩抜き

しらすの塩分が気になるときは、熱湯を回しかけて塩抜きします。殺菌効果もあって一石二鳥です。

塩気のきいた魚加工品

塩のきき過ぎた鮭やタラの切り身は、水につけて塩抜きをします。水の中に一つまみの塩を混ぜておくと浸透圧が高まり、塩抜きの効果が高くなります。塩鮭を焼く前に酒少々をかけると塩気がマイルドになります。焼き上がってからかけても風味よく食べられます。

・イギリス

塩抜きに牛乳を

イギリスではアンチョビーやスモークサーモンの塩抜きに牛乳を使います。これらを30分ほど牛乳につけておくと塩気が抜けてまろやかな味になります。

なすの塩漬けのコツ

いったん煮立てて冷ましておいた塩水にくぎなどの鉄類を入れ、ミョウバン少々と塩でこすったなすを浸けると、色鮮やかで皮の柔らかい漬け物になります。

なますを色よく仕上げる

大根とにんじんのなますを作るときは、面倒でも別々に塩漬けし、水洗いしてから甘酢で和えます。そうするとにんじんの色が大根に移らず、鮮やかな仕上がりになります。

カリフラワーを茹でる

小麦粉少々とレモン汁、または酢を加えて茹でます。こうすることでカリフラワーがきれいな白に茹であがります。

ブロッコリーを茹でる

厚めに皮をむいた軸は甘みが強くておいしい部分です。捨てずに利用しましょう。茹でるときは先に軸を茹で、一呼吸置いてから房の部分を茹でます。固めに茹で上げてざるにのせ、そのまま自然冷却させます。水につけると味が落ちてしまうので注意。冷凍保存するときは、すぐ冷水につけて冷やしてもよいでしょう。

魚の下ごしらえ

鯛などウロコの固い魚は、大根の切れ端でこすってウロコを取りましょう。大根にウロコがささって上手に取ることができます。日本では魚の臭み取りに酢やショウガが用いられてきました。あらかじめ酢と塩を入れた水に魚をつけてから煮ると身が締まり、臭みも抜けます。また、梅干しと一緒に煮ても同様な効果が得られるため、イワシの梅ショウガ煮のような調理法が生まれました。

・フィリピン

レモンで身の内側や表面をこする

フィリピンでは、酢に代わってレモンが用いられています。レモンの切れ端で、内臓を除いた後の身の内側や表面をまんべんなくこすることで臭い消しをします。

・中国

お茶をひとつかみで臭みを取る

中国ではお茶（中国茶）を使って魚の臭みを取ります。人肌くらいのぬるま湯にお茶をひとつかみ入れた中に魚を入れて10～15分置いてから調理します。

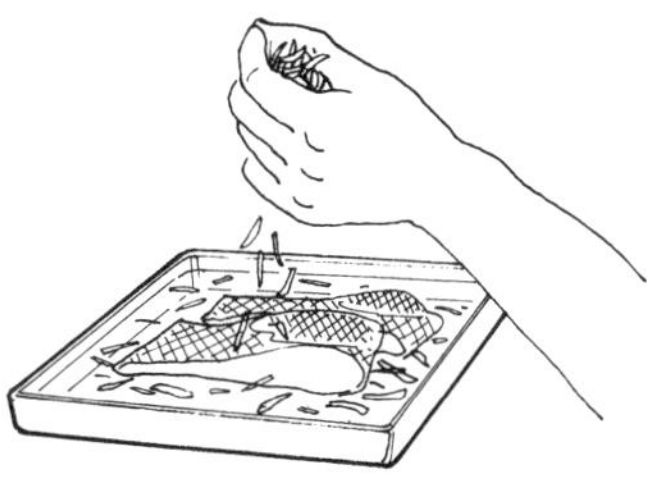

煮魚のコツ

調味料は最初にすべて合わせておき、煮立たせます。魚を入れるのはこの後で、水から入れると生臭くなってしまいます。ただし、あまり熱くしすぎると身が崩れやすいので、やや冷ましてから入れるようにします。鍋のふたはせず、木の落としぶたをして少量の煮汁で煮るのがおいしくきれいに仕上げるコツです。時々、煮汁を上からかけるようにして、魚自体は極力動かさないようにしましょう。新鮮で上等なカレイは非常に身が崩れやすいので、落としぶたなしか、紙のふたにします。

焼き魚のコツ

焼き網にあらかじめ酢を塗っておくと、皮がくっつかず、臭みが網に残りません。また、焼き網やグリルを十分に熱しておくこともコツです。切り身の場合、川魚は皮目から、海の魚は身から焼くようにします。魚を網にのせて強めの中火で片面を焼き、こんがり焼けたら火を弱めて反対の面を焼きます。グリルで焼くときは、焼き加減を確かめようと何度も網を引き出すと熱が逃げてしまいますので、できるだけのぞき窓から見るようにします。

レモンの汁をたくさん絞り取るには

・イギリス

絞る前に温めておく

> 絞る前に少し温めておくのがコツです。熱湯に入れたり、数秒だけレンジにかけたりしてから絞ると、たくさんの汁が取れます。手で温めるだけでも効果があります。

新じゃがいもの皮を楽にむく

たわしでこするだけでもよくむけますが、重曹をたっぷり入れたお湯に5分ほどつけてからむくと、薄皮がはがれてむきやすくなります。

パスタを茹でる

たっぷりのお湯に塩を多めに入れて茹でると、コシのある仕上がりになります。鍋に植物性のオイルを塗ってから茹でるとふきこぼれが防げますし、お湯に油分が溶け出してパスタ同士がくっつくのを防いでくれます。

糸で切る

羊羹のような練り物やチーズは、包丁に吸い付いてなかなかきれいに切れないものですが、両手の人差し指に糸の端を巻きつけてピンと張り、押し切るようにすると切り口がきれいです。この方法は石けんを切ったりする場合にも使えます。

ビン詰めのふたが開きにくいとき

蛇口からお湯を流して、ビンのふたのねじ部分に数秒間当てると開けやすくなります。また、紙やすりなど滑りにくいものでつかんだり、輪ゴムを巻きつけて開けるのも有効です。金づちなど固いもので軽くふたを叩いてから開ける方法もあります。

▲お湯を当てる。

▼金づちなどで叩く。

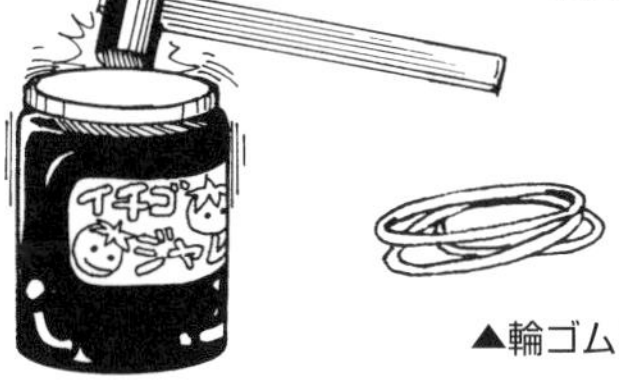

▲輪ゴムを巻きつけてもよい。

溶きがらしの辛みを引き出す

ぬるま湯ですばやくかき混ぜ、しばらく置いてから酢少々を垂らしてゆるめると辛みがききます。食卓に供するまでに時間があるようなら、からしを溶いた容器にふたをしておくと辛み成分が飛びません。

茹で卵は酢水で

卵はあらかじめ冷蔵庫から出して室温にもどしておきましょう。冷たいまま茹でると殻がひび割れてしまいます。酢を垂らした水で茹でると、万一ひび割れても中身がすばやく凝固するので、飛び出しにくくなります。

卵焼きは薄く油を引いて高温で

卵焼きを作るときは、焼きムラを作らないよう均一に熱を通すことが重要です。フライパンを熱してまんべんなく油を引いたら、一度余分な油を拭き取ることが上手に焼くコツです。油が多いままだと、卵液を入れたときに油がおどって表面にデコボコができてしまうのです。これが焼きムラにつながるので、薄焼き卵を作るときは特に注意しましょう。また、低温でちょろちょろ焼くと、卵が先に固まってから水分が蒸発しようとするので、キメの粗い仕上がりになってしまいます。

豆はたっぷりの水で根気よく煮る

豆を煮るときは、かぶるくらいの水加減にすることが大切です。豆の表面が水から出ると、そこだけ固くなってしまいます。水から煮て沸騰したら茹でこぼしてアクを取り、再びたっぷりの水加減で煮ます。煮立ったらすぐに冷たい水をコップ一杯差し、後は豆が静かに踊る程度の弱火で根気よく煮ましょう。竹の皮と一緒に煮ると色つやよく柔らかく煮えます。

茹であずきの味付けは火を止める間際に

あずきを茹でるとき、最初から砂糖を入れると、いつまでも豆が固いままで味が染み込みません。あずきが十分柔らかく煮えてから2、3回に分けて砂糖を入れるようにします。一度に入れると豆が固くなり、しわの原因になります。また、一つまみの塩を入れることで、甘みが強調されて引き締まった味に仕上がります。

玉ねぎで目がしみないように

皮をむいた玉ねぎをしっかりラップにくるんで冷蔵庫に入れます。15～20分冷やしてから切れば、目に刺激を与える成分が飛びにくくなります。また、切れ味の悪い包丁だと繊維を壊して刺激成分が水分とともに飛びやすくなりますので、よく切れる包丁を使いましょう。

塩がきき過ぎたら

料理の味つけに失敗して塩辛くし過ぎたときは、酢を少々垂らすとお互いの味を抑制し合う効果によって塩気が丸くなります。ただし、使い過ぎないように注意しましょう。

食べ物の旬・選び方

現代では、ハウス栽培や品種改良により、多少季節外れの野菜や果物でも簡単に手に入ります。しかし、野菜や果物は出盛り期にならないと値段が高いうえ、風味や栄養の点でも旬のものにはかないません。食卓に季節感をもたらす旬の食材を上手に取り入れたいものです。また、せっかく旬のものを選んでも鮮度の悪いものでは意味がありませんから、よいものの選び方も覚えておきましょう。

素材の選び方のコツ

あさり

春から初夏にかけてが旬です。夏になると産卵期に入り、貝毒の恐れがあります。選ぶ際は、殻がしっかり閉じていて、模様のはっきりしているもの、または管を出しているものが新鮮です。鮮度が落ちてくると、殻の模様がぼやけて全体が茶色っぽくなってきます。

かき

晩秋から冬にかけてが旬です。むき身は、丸みがあってぷっくりと膨らんでいるものを選びましょう。貝柱が透き通っているものが新鮮です。良質なものは縁の黒いひだ部分がくっきりと鮮やかです。殻つきの場合は外見では判断できませんので、信用できるお店で購入しましょう。

いか

秋から冬が旬です。目が澄んでいて飛び出しているもの、胴は透明感のある乳白色のものが新鮮です。コウイカの仲間は新鮮なうちは全身が濃い赤褐色をしていますが、時間がたつと模様が消えて白っぽくなってきます。切り身を選ぶときは、表面の張りやツヤ、飾り包丁の角が立っているかを目安にしましょう。

はまぐり

冬から3月頃までが旬です。ずっしりと重みのあるものを選びますが、あまり大き過ぎると味が落ちるようです。殻がしっかりと閉じてツヤがよく、殻どうしをぶつけたときに澄んだ金属音のような響きのあるものが良品です。

帆立

旬は2月頃。むき身なら、弾力があってこんもりとした形をしたもの、透明感のあるものを選びます。殻つきのものは、少し口を開けていて、触るとすぐに閉じるものを選びましょう。干し貝柱なら、澄んだあめ色をしたものが良品です。

あじ

春から夏にかけてが旬です。目が澄んでいてエラが鮮紅色、ヒレがピンと張っているものが新鮮です。また、腹部に丸みがあって盛り上がっているもの、ぜいご（側線にある1列のかたいうろこ）がしっかりしているものを選びます。

いわし

2月頃と脂が乗ってくる8～10月が旬です。ウロコが取れておらず、目にうるんだようなツヤがあっていきいきしているものが新鮮です。全体に反るくらいピンと張って身がしまっているもの、表面のツヤのよいものを選びます。丸干しなら、腹が割れていたり、酸化して黄褐色になり始めたものは避けましょう。

さんま

解凍サンマも1年中出回っていますが、本来は9月から10月が旬で最も脂が乗っています。青みがかったウロコがついていて、背が鮮やかに青光りしているものが新鮮です。身がしまっていて張りがあり、よく太ったものを選びましょう。特に、口元や尾の付け根に黄色が入ったものは脂が乗っている証拠です。

さば

旬は9月から10月頃です。「さばの生き腐れ」という言葉があるくらい傷みやすい魚なので、鮮度には特に気をつけましょう。青光りして目にうるんだような輝きのあるもの、身がピンと張っているもの、腹に金色の模様が見えるものが新鮮です。新鮮なもの以外は加熱して食べましょう。

かつお

初夏の初がつお、秋の戻りがつおと旬が2回訪れます。味のよいのは5月頃の初がつお、脂が乗っているのは戻りがつおです。切り身は鮮やかな赤で、表面にうっすらと虹色の脂が光る、血合い（黒っぽい部分）がはっきりとしているものを選びます。一尾丸ごとなら、ずんぐりとした形で大きく、身が固くしまって、腹の縞模様がくっきりとついたものを選びます。

鮭

晩秋から冬にかけてが旬です。切り身なら脂肪が白く筋状に入ったピンク色のもの、皮が銀色に光っているものを選びましょう。腹側が黄色がかったものは酸化し始めているので避けます。

ぶり

真冬が旬です。切り身はなめらかな切り口で、身の割れていないものを選びます。丸ごとなら、目に濁りがなく、身のしまったものを選びます。

まぐろ

旬は夏です。赤身ならツヤがよく、深みのある色をしたものを選びます。トロはパサつきのないねっとりしたもの、弾力のあるものを選びます。サクで求める場合は、まっすぐに等間隔の筋目が入ったものを選びましょう。

たら

旬は冬から春先まで。ピンクがかっていて半透明のもの、皮に張りがあるものが良品です。

牛肉

肉類に旬はありませんが、鮮度は重要です。黒みがかったものは傷み始めのサインですから、避けましょう。赤身にツヤのある濃い紅色のもの、脂肪の部分は白から乳白色で粘りのあるものが新鮮です。きめの細かいしまったものが良質です。

鶏肉

他の肉よりも傷みが早いので、購入後はなるべく早く加熱し、食べきるようにしましょう。色つやのよいしまった肉が良質です。皮付きなら、毛穴の周囲が盛り上がっているもの、皮全体に細かいシワがちりめん状に入ったものが新鮮です。

豚肉

淡いピンク色をしたツヤのよいもの、弾力のあるものを選びましょう。黒ずんだものは傷み始めているので、避けます。

玉ねぎ

新玉ねぎの出回る5月頃～6月が旬です。光沢や重みがあり、頭の部分が細くしまったものを選びます。芽が出かけたものは避けましょう。

かぼちゃ

真夏が旬です。ずっしりと重く密度の濃いもの、カット品なら切り口の色がオレンジがかった濃い黄色のものを、丸ごとならヘタが枯れていて縦に溝が走っているものを選びましょう。ワタの乾いたカット品は古いので避けます。

キャベツ

新キャベツが出るのは5月頃ですが、寒い季節にとれるものも、ぎっしりと葉がつまって甘みがあり、美味です。季節によって選び方も異なります。新キャベツならふんわりと巻いたものを、それ以外では外側の葉の色が濃く、巻きのしっかりとした重みのあるものを選びます。カットしてある場合、芯が変色したりせり出していたりするものは避けます。

きゅうり

夏が旬です。濃色で太さが均一なもの、全体に張りがあってイボが尖った状態のもの、ヘタの切り口が新鮮なものを選びます。

トマト

夏が旬です。ずっしりと重くて色ムラがないもの、ヘタの周辺に緑色が残っているものを選びます。ヘタの色が濃くて切り口がみずみずしいものが新鮮です。

ピーマン

夏が旬です。緑色が濃く均一で、肉厚なものを選ぶようにします。新鮮なものはヘタの切り口がみずみずしく、ピンとしています。

ごぼう

新ごぼうは4月頃ですが、晩秋のごぼうも美味です。直径の太い、まっすぐなものを選びます。ただし、ひげ根の多いものや、すの入ったもの（空洞が入ったもの）は避けましょう。

にんじん

秋が旬です。色ムラがなく、濃いオレンジ色のもの、表皮のなめらかなものを選びます。あまり太いものだと、すが入っていることがあります。ヘタの切り口が細ければ芯の部分も細く、美味です。ひげ根が多かったり、切り口から芽が出かけているものは避けます。

大根

真冬が旬です。表面が白くツヤがあり、ずっしりと重みのあるものを選びます。葉の部分が残っていたら、葉の状態がみずみずしいものを目安にします。固くしまったものが良品ですが、あまり太いものだと中にすが入っていることがあります。

れんこん

秋から冬が旬です。切り口が新鮮なものを選びます。肉厚で穴が小さく、内側が白いもの、節と節の間が長くふっくらと形の整ったものが良質です。

ほうれん草

品種の異なるものがほぼ年間を通して出回っていますが、冬の寒い時期にとれるものが甘みも濃く、栄養面でも充実しています。緑が濃く葉の先まで張りがあるものを選びます。根元の赤い部分が鮮やかな東洋種のほうが、独特の土臭さが少ないようです。

小松菜

冬が旬です。葉がシャキッと張って緑色が濃く肉厚なもの、茎は短めのものを選びます。葉がいくぶん小さめのもののほうが柔らかいです。

もやし

年間を通して栽培されています。太くしっかりとして白いもの、透明感とツヤのあるものが新鮮です。茶色がかっていたり、芽の部分が開いているものは避けます。

ブロッコリー

真冬が旬です。葉の部分がある程度固くしまっていて、こんもりとしている、形のよいものを選ぶようにします。つぼみ一つ一つが大きくゆるいもの、開花しかけたもの、切り口に空洞があるものは避けます。

じゃがいも

新じゃがの出る4月頃が旬です。新じゃがは皮が薄いもの、それ以外は皮にシワや傷がなく、ずっしりしたもの、ふっくらと丸みのあるものを選びます。皮が緑がかっているものや、芽が大きくなっているものは避けましょう。

さつまいも

秋から冬にかけてが旬です。ずっしりと重く太いもの、色ムラがなく鮮やかなもの、ひげ根が少なく、へこみやでこぼこの少ないもの、紡錘形に近い形の整ったものが良質です。

しめじ

年間を通して栽培されていますが、本来は秋が旬です。かさが開き過ぎると味が落ちるので、かさが小さく張りのあるものを選びます。軸が太く白いもの、かさの色が濃いものが良品です。

しいたけ

人工栽培ですが、春と秋にそれぞれ旬を迎えます。生しいたけは肉厚でかさが開ききっていないもの、傷がなくツヤがよいものを選びます。ひだに黒いシミがあるものは避けます。干ししいたけは黄褐色で大きなものを選びます。

バナナ

年間を通じて輸入されています。皮が濃い黄色で均一に色づいたものを選びます。皮に斑点が生じた頃が食べ頃です。軸が黒くなっているものは避けましょう。

いちご

冬の終わりから春にかけてが旬です。色鮮やかでツヤがあるもの、ヘタの緑が濃くて張りのあるもの、ヘタの真下まで赤くなっているものが美味です。

すいか

夏が旬です。色鮮やかでツヤもよく、縞がはっきり見えるものが良品です。切り分けたものは、種が真っ黒で果肉がきれいに色づいているものを選びます。種の周辺がふやけたようになっているものは避けます。

柿

秋が旬です。形が整って皮にツヤのあるもの、色ムラがなく濃いもの、ヘタがいきいきした状態のものを選びます。

●食べ物に関する知恵《まとめ》●

食品にはそれぞれに適した保存法や調理法があります。現代では、ほとんどの食材が通年で入手できます。そのため、いつも買えるとか、冷蔵庫に入れておけばいいとか、そんな意識も働いてか、保存もついおろそかになりがちです。ここはひとつ、先人の知恵に倣って上手に保存したいですね。

・**冷凍のコツ**…冷凍すればいつまでももつ、などとついつい思いがちですが、もつのはせいぜい１カ月程度と考えて、冷凍庫があふれかえらないよう、上手に使いきりたいものです。
・**食材の保存**…多めに買ってきて使わず、ついつい腐らせてしまうことが多いものですが、ほとんどの食材にいえることは、冷暗所に保存することと高温や湿気が大敵ということでしょう。庭がある人なら「土に埋めておく」というのも実践したいもの。
・**食材の下ごしらえ**…肉が固いとき、肉にビールををかけるドイツの方法。そのままビールを味付けの一部としてもおいしそうですね。ケニアのパパイヤやメロンの皮にはさむやり方は、果物に含まれる酵素の働きを利用する、理論的な裏づけがあります。
・**塩抜き**…牛乳を使ったアンチョビーなどの塩抜きは、確かに風味がマイルドになりそうですね。
・**魚の下ごしらえ**…フィリピンではレモンで身の内側や表面をこするやり方ですが、臭み消しだけでなく、風味も加わりそうで試してみたいですね。中国のお茶を使うものも、茶の風味が加わって香り深い料理ができそうです。
・**レモンの汁を絞る**…イギリスの、たくさん絞るために事前に温めておくというのはちょっと考えつかないものです。恐れ入ります。
・**食材の選び方**…食材によって様々ありますが、やはり基本は「旬」を大事にすることでしょうか。これは万国共通だと思います。もちろん、素材の鮮度も大切です。

第4章

言い伝え

言い伝え編

世界の言い伝えにはどんなものが……

まだ現代ほど科学の発達していなかった時代から、人々は観察や経験に基づいて多くの発見をしてきました。それらは、あるときはことわざとして、またあるときは短く覚えやすい詩のような形で、次の世代へと伝えられてきたのです。親から子へ、子から孫へと語り継がれたさまざまな言い伝えは、誰もが一度は耳にしたことがあるでしょう。

しかし、これらの言い伝えの中には、誤りや迷信が含まれていることも多かれ少なかれあるのです。ただ、素朴ながら今なお通用する知恵として、それぞれの国の暮らしに根づいている言い伝えも決して少なくないのです。

お天気編

●雨のことわざ

・日本

月（太陽）が笠をかぶると雨になる

温暖前線に伴って発達する薄いベールのような雲には、小さな氷の粒が含まれています。これが月や太陽の光をプリズムのように屈折させて俗に「笠」と呼ばれる光の輪を作るのです。つまり、上空に水分が多くなってきたことを意味しています。このような薄い雲が高いところに敷き詰めたように広がっていたら、天気が下り坂に向かっている証拠。数日以内に雨になるといわれています。

・日本

遠くの鐘の音がよく聞こえると雨になる

遠くの物音、たとえばお寺の鐘や電車などの音がいつもよりはっきり聞こえるときは雨になるといわれます。これは、前線が近づくと上空の暖かい空気の層との境目で音が反射して聞こえるようになるためです。

また、「三味線や太鼓の音が濁ると雨」ともいわれ、演奏の達人には微妙な音色の変化がわかるそうです。

●夕焼けと朝焼けのことわざ

・日本

夕焼けは晴れ、朝焼けは雨

・マザーグースの詩より

夕焼けは羊飼いの喜び　朝焼けは羊飼いの憂鬱

この他、ギリシアの古い書物や聖書のマタイ伝にも、夕焼けと朝焼けに関する同様な記述があり、古くから多くの国で天気の予想に使われてきたことがわかります。夕焼け空に雲が少なく、ゆっくりとオレンジからピンクへと変化しながら暮れてゆく場合は、翌日も好天に恵まれます。しかし、西の空にすじ雲やうろこ雲が浮かんでいるような赤黒い夕焼けは、逆に天候の崩れる兆しです。また、雲をピンクや紫に染めるような朝焼けは、空気中の水分増加に伴って光が散乱して起こったもので、雨の兆しとされています。

●朝の虹と夕方の虹のことわざ

・日本

朝虹は雨、夕虹は晴れ

・西洋のことわざ

朝の虹は船乗りが警戒し、夕の虹は船乗りが喜ぶ

朝に虹が出ると雨になり、夕方に出る虹はその後数日は晴れた日が続くということわざです。虹は太陽の反対側に出ますから、朝の虹は西の方に見えます。西

に虹が見えるということは西の方で雨が降ったということになります。日本を含む北半球の中緯度帯では、偏西風の影響で西から天気が変わってきますから、やがて雨が訪れる前兆と考えられるのです。

逆に、夕方の虹は雨上がりに見られるので、その後しばらくは晴れる可能性が高いといえます。

食べ物編

・日本

瓜の皮は大名に剥《む》かせよ、柿の皮は貧しい人に剥かせよ

皮の近くはおいしくない瓜の類は、厚めに皮を剥くのがコツ。逆に、皮の近くが甘くおいしい柿は、少しでも薄く剥いて食べるほうがよい、という意味。柿の代わりに梨を当てはめるパターンもあり、多くの果物に共通するコツともいえそうです。

・日本

魚は殿様に焼かせろ、餅は貧しい人に焼かせろ

魚を焼くときはむやみにいじると身が崩れてしまいます。殿様のようにおっとりと余裕をもって焼くほうが上手に焼けます。一方、餅は焦げないように、ガツガツとした（?）裕福でない人のように、こまめに返しながら焼くのがコツです。

・日本

芥子は気短に掻かせろ

芥子は手早く一気にかき混ぜないと辛みが抜けてしまいます。短気な人のように勢いよく練り上げましょう。

・日本

大根頭にごぼう尻

大根とごぼうのおいしい部分についてのことわざ。大根は葉のすぐ下の部分、つまり「頭」のほうが甘みが強く、しっぽに近づくほど辛みが増します。一方、ごぼうは頭よりもしっぽのほうが繊維が柔らかいので、このようにいわれています。

・日本

冬至にカボチャを食べると風邪を引かない

日本には、一年でもっとも昼の短い冬至にカボチャを食べたり柚湯に入ったりする習慣があります。寒さの厳しい真冬に、栄養のあるカボチャを食べて体力をつけるという生活の知恵です。

●医者を青くする食べ物たち

昔から日本では「柿が赤くなると医者が青くなる」といわれてきました。ビタミンCの豊富な柿を食べると体調がよくなることから、健康によい果物とされたのです。柿を食べる頃になると病人が少なくなって医者が暇になって困ってしまう、というわけです。「みかんが黄色くなると医者が青くなる」というパターンもあります。

これに似た西洋のことわざが「トマトが赤くなると医者が青くなる」です。トマトに含まれるカロチンやリコピン酸が健康維持に役立つことが経験的に知られていたのでしょう。また、これに類する有名なことわざが、「一日にリンゴ一個で医者要らず」です。食物繊維やビタミンCの豊富なリンゴが体によい果物であることを表したものです。

・日本

⇩ 梅はその日の難のがれ

朝に梅を食べておけば、その日一日は体の調子がよく無事に過ごせるということわざです。実際、梅干しを食べることで殺菌作用や食欲増進、疲労回復など数々の効果が期待できます。

・日本

⇩ 腹八分目で医者いらず

健康であるためには満腹になるほど食べるのではなく、八分目くらいにとどめておくのがよいという暴飲暴食に対する戒めの言葉。似たことわざに「腹八合に病なし」「腹も身の内」「大食は命の取り越し」などがあります。一方、世界にも同様な考え方があります。

⇩ 飢えで死ぬより食べ過ぎで死ぬ人のほうが多い。

・英語のことわざ

⇩ 節制は最良の薬。

・ウズベキスタン

⇩ 健康でいたいなら多くを食べるな。尊敬されていたいなら多くを語るな。

・ポルトガル

⇩ 大食いは剣より危険、大食いは剣より多くの人命を奪う。

・エジプト

⇩ 胃の1／3に食べ物、1／3に水、あとの3分の1は空けておくこと。

・トルコ

⇩ 腹いっぱい食べる者は歯で墓を掘る

・チェコ

⇩ 断食で死ぬ者はいない

・ヒンディー語のことわざ

⇩ 断食は最高の薬

●カカオは万能薬？

古代アステカでは、カカオは万能薬として大変珍重されていました。儀式に使われただけでなく、通貨としても用いられるほどでした。「疲労回復にこれほど効くものはない。病気や怪我に効くばかりか、毒蛇にかまれても大丈夫」とまで言われていたのです。アステカ帝国を滅ぼしたコルテスや、あのナポレオンまでもが、カカオによる疲労回復や体力増強効果を認め、兵士たちにココアを飲ませていたといわれています。毒蛇の毒にも対抗しうるというのは大袈裟にしても、カカオマスに含まれる豊富な食物繊維やポリフェノールは、体調を整えるうえで大変有効であることが科学的に実証されています。

●住まいは日当たりのよい所に

・チェコ、ロシア

太陽が顔を出さない所には医者がよく顔を出す

・キューバ、トルコ

太陽が入らない所には医者が入ってくる

・イタリア

太陽の来ない所には医者がやってくる

・アラブ世界

太陽の入る家には医者は訪れない

・モルドバ

日の射さない所には病が顔を見せる

・タジキスタン

どの茎も太陽に向かって伸びる

言い回しに多少の差はありますが、いずれも日光に当たることの大切さを教えることわざです。カルシウムの吸収を促し、脚気を防ぐためには、適度に日光に当たることが重要です。日光の果たす役割が、古くから経験的に知られていたことが伺えます。

●食べ物の効用いろいろ

世界各地で、さまざまな食べ物の効用がことわざの形で残されてきました。いずれも経験に基づいた言い伝えであり、現代の栄養学に照らし合わせても立派に通用するものです。

【牛乳】

・パキスタン、インド

⇩ 牛乳を沸かして飲む者は一生力が衰えない

・タミル語のことわざ

⇩ 新鮮な生の牛乳を飲めば疲れも癒される

・ペルシャ語のことわざ

⇩ 一杯の牛乳は寿命を一年延ばす

【魚】

・スペイン

⇩ 若いときイワシを食べた者は年を取っても背骨がしっかりしている

・オランダ

⇩ 太陽が霧を払うようにニシンは病を払う

小骨が多く柔らかいイワシは、格好のカルシウム源です。魚の脂には善玉コレステロールが豊富に含まれており、成人病の予防に有効です。

【豆】

・ヒンディー語のことわざ

⇩ 豆を食べれば病気をしない

【ニンニク】

・ロシア

⇩ ニンニクは7つの病を癒す

ロシアでは、風邪の撃退をはじめニンニクの持つ薬効がフルに活用されています。そんなロシアならではのことわざといえるでしょう。

しかし、どんなに体によい食べ物でも、嫌いなものを嫌々食べるのではかえってストレスがたまります。それを簡潔に言い表した、こんなことわざも。

・スロバキア
⇩ 好きなものを食え

・ナイジェリア、フランス
⇩ 口に甘いは胃に苦く、口に苦いは胃に甘い

・イタリア他
⇩ 昼食の後は休み、夕食の後は散歩せよ

・ポルトガル
⇩ 昼食の後は眠り、夕食の後は散歩せよ

これらの国々の伝統的な食生活では、昼にしっかり食べて夕食は軽く済ませていました。現代では必ずしもそのとおりではないようですが、伝統的なライフスタイルが保たれていた頃の養生訓です。

しかし、実は原典となったラテン語のことわざは、「昼食の後は立ち上がり、夕食の後は散歩せよ」というものでした。食べたら体も動かさなくてはいけません、という戒めの意味がこめられているのでしょう。ライフスタイルの変化に伴い、食休みを大切にするシエスタの習慣とともに、ことわざの解釈も次第に変わっていったのかもしれません。類似のことわざは他の国にも見られます。

・イギリス
⇩ 昼食の後はしばらく座ったままで、夕食の後は散歩せよ

・エジプト
⇩ 昼食の後は2分でも眠り、夕食の後は2歩でも歩け

ところが面白いことに、ラテン語を語源とする南欧諸国よりも、むしろゲルマン系のドイツのほうが原形に近いニュアンスで残されています。

・ドイツ
⇩ 食事の後はすぐ立ち上がるか散歩せよ

日本では「食べたあとすぐに寝ると牛になる」と言われます。どちらかといえば、ドイツと似た考え方に基づいているのでしょう。

●言い伝え《まとめ》●

言い伝えには世界各国さまざまなものがあります。私たちの身の回りにも幼いころ祖父や祖母に聞かされた言い伝え、そして我が子へ、孫へ言い伝えることわざがあります。実際にはさほど役に立たないものでも、文化の継承という意味合いで大事なことではないでしょうか。

- **月(太陽)が笠をかぶると雨になる**…夜歩いていて、笠のかかった月を見ると「明日は雨か」などと思いますね。
- **夕焼けは晴れ、朝焼けは雨**…場所が変われば言い方も変わります。「夕焼けは羊飼いの喜び、朝焼けは羊飼いの憂鬱」。夕焼けと朝焼けは、古くから観天望気の目安だったようです。
- **朝虹は雨、夕虹は晴れ**…「朝の虹は船乗りが警戒し、夕の虹は船乗りが喜ぶ」ということですが、やはり昔は生活（職）と天気が密接に関係していたことを裏付けています。
- **遠くの鐘の音がよく聞こえると雨になる**…似たようなものに「ツバメが低く飛ぶと雨になる」というものも。雨をもたらす低気圧は湿度を伴うので、大気の微妙な変化が様々な現象として現れるのですね。
- **瓜の皮は大名に剥かせよ、柿の皮は貧しい人に剥かせよ**…昔の人でなくても読んだだけで思わず納得してしまいそうなことわざ。「魚は殿様に焼かせろ、餅は貧しい人に焼かせろ」もそうですね。「大根頭にごぼう尻」や「冬至にカボチャを食べると風邪を引かない」といった食べ物にまつわるものもあります。
- **腹八分目で医者いらず**…というのは今もって通用しますね。中でも「飢えで死ぬより食べ過ぎで死ぬ人のほうが多い」というのは現代人にとってはドキリとすることばです。「大食いは剣より多くの人命を奪う」などもそうです。エジプトの「胃の１／３に食べ物、１／３に水、あとの３分の１は空けておくこと」はユニークです。
- **住まいは日当たりのよい所に**…日に当たることの大切さを説いたもの。「太陽が顔を出さない所には医者がよく顔を出す」は如実に語っていますね。
- **食べ物の効用いろいろ**…でもスロバキアの「好きなものを食え」は短いながら強烈な印象を読むものに与えます。ほんとにそれで長生きできればいいですね。
- **昼食の後は休み、夕食の後は散歩せよ**…食後に関するものも多々ありますが、習慣に起因するもののようですね。

第5章

薬に関する知恵

薬に関する知恵編

薬草にはどんなものがある？

古くから薬といえば、自然の野山に生えている草木が使われてきました。草をすりつぶしたものという意味からできた薬という漢字が、そのことを如実に表しています。化学分析もできなかった時代から、この病にはこの草が効くという先人たちの知恵の集大成が薬草ともいえるのではないでしょうか。

今では野菜としてスーパーマーケットで簡単に入手できるものも、元をただせばほとんどが野草です。これらの代表種を、病状ごとにご紹介してみましょう。ただし、薬草の中には、重病が治ると言い伝えられているものもたくさんあります。しかし、生命に関わるような病状は避けてあります。

●最低限の決まりを知る

化学薬品ほどの急激な薬効は期待できませんが、薬としての効果を期待するのであれば、最低限のルールを知る必要があります。市販薬ではないのですが、あくまで薬ですから、用法・用量を正しくお使いくださいということです。

●薬草の選び方、保存法、用法、用量

葉や茎の利用は花が咲いている頃、花は咲き始め、果実は完熟時、根は地上の葉や茎が枯れてから採集します。

採集後の薬材は、生薬と書かれている以外は、2センチぐらいに切り刻んで、お日様で乾燥後、陰干しして紙袋で保存します。このときカビが生えないようによく乾燥させることがポイントです。

基本的に食間に服用しますが、胃腸関係は食後の服用が効果的です。用量は匙加減が必要なので、専門医のアドバイスを受けたほうが無難です。

皮膚の病状

・あかぎれ

小松菜の常食で抵抗力

生で常食するだけで、栄養効果を上げ、あかぎれ、しもやけ、ひび、風邪に効きます。他の用法には、青汁、煎じて内服も効果があります。その他には、ナスの黒焼きの粉末、ヒネショウガのおろしたもの、ヌルヌルした粘液を患部に塗る方法もあります。

・あせも

桃の葉の入浴

生の桃の葉を布袋に入れて入浴します。湿疹や皮膚病一般に効果があります。その他には、桜の葉、ドクダミの全草、ツユクサの茎などで入浴、ユキノシタの生葉の絞り汁、キュウリのおろし汁、ビワの煎じた汁などをあせもが出ている部分に塗る方法もあります。

・イボ

タンポポのミルク

タンポポの茎を折ると出てくるミルクのような白い乳汁をイボに塗ります。その他には、イチジクの乳汁を塗ったり、なすの実の輪切りをイボに直接当てる方法もあります。

・疥癬《かいせん》

ドクダミの絞り汁

生の青葉の絞り汁を直接患部に塗ります。それと同時に乾燥した葉を煎じて飲むと効果的といわれています。

・湿疹

玉ねぎの皮の薬効

皮を乾燥させた粉末を内服します。他には生の青ジソの葉でかゆいところを掻くという方法もあり、あせもの対症入浴法「桃の葉入浴」も効果があります。

・しみ

桃の花のパック

桃の花を陰干しにし、冬瓜の種を乾燥させたものと同量を、細かく砕いてハチミツに混ぜ、顔に塗り睡眠し、翌朝になって洗い落とします。

・しもやけ

⇩セリのマッサージ

生葉を揉んで、患部をマッサージします。他にはアサガオの煎じ汁を患部に塗る方法や、小松菜の常食も効果があります。

・じんましん

⇩桜の葉を飲んで治す

15枚ほどの桜の葉を細切りにし、煎じて飲みます。他には大根おろしに砂糖と酢を加えたものを飲みます。砂糖漬けのナスの絞り汁を飲む方法もあります。

・そばかす

⇩キュウリの化粧水

キュウリをおろした水は効果が期待できます。また、しみのときには桃の花パックも同様の効果があります。

・たこ、まめ

⇩唐辛子の黒焼き

黒焼きにした唐辛子の粉を、ご飯粒で練り患部に塗り込みます。

・ただれ

⇩お茶のパウダー

お茶の粉末を皮膚のただれたところにつけます。また、ゲンノショウコの茎の刻んだものを布袋に入れた入浴も、効果が期待できます。

・凍傷

⇩ケイトウの花の薬効

乾燥させて、煎じたケイトウの花の汁を患部に塗布します。他に、すりおろしたサトイモを患部に塗る方法も知られています。しもやけの対症法も可能です。

・トゲ抜き

⇩ナスの花でトゲ抜き

花を陰干しし、粉末にしたものを米糊でトゲの刺さった部分に貼っておくと、自然にトゲが抜けてしまいます。また、梅肉でも同様な効果があります。

・虫刺され

フキの葉汁

葉や生根の絞り汁を刺された部分に塗布します。その他には、サンショウの葉を噛み砕いたもの、タンポポの乳汁、ユキノシタの葉の絞り汁、ゴボウの葉や生根の絞り汁などを刺された部分に塗布すると効果があります。

・ニキビ

ねぎの薬効

青ねぎの白根を適度な大きさに切り、患部に貼ります。また、ドクダミの葉汁を塗ることも効果的です。

・皮膚病全般

トマトジュースの薬効

トマトを生食するか、トマトジュースを飲むだけで、ビタミンBの働きで、皮膚病には薬効があります。また、菖蒲湯も皮膚病全般に効果的です。ニンニクの生汁にゴマ油を混ぜたものを患部に塗ることも効果的です。

・水虫

ザクロの皮の薬効

ザクロの皮を剥いて、その皮を燻《いぶ》すか、煎じた後の汁を患部に塗布します。また、番茶の出がらしを粉にして、患部に塗ることも効果的です。夏みかんの皮を乾燥させ、患部をその煙で燻す方法もあります。

・やけど

ナンテンの葉

生葉の汁を患部に塗布します。変わったところでは、がまの穂を患部に塗る方法もあります。ジャガイモのおろし汁、サツマイモ、ヤマイモ、サトイモのおろしたものを直接患部に塗ることも知られています。

筋肉・骨格の病状

・打ち身

ハコベの湿布

ハコベの全草を煎じて、打ち身の部分を蒸してから、ハコベをすり鉢ですり、小麦粉と酢を混ぜたもので患部を湿布します。キュウリと小麦粉、ゴマの粉を練り合わせた湿布も効果的です。

・脚気《かっけ》

山菜の薬効

ゼンマイの葉を陰干し、煎じて飲みます。また、ワラビの葉と根を煎じて飲むことも同様の薬効があります。そば湯やそば粉をお湯でといたもの、そば茶も脚気に効果的です。

・関節炎

ゴボウの湿布薬

生葉に塩をかけ、よく揉んでどろどろにして患部に貼ります。他にはアサガオの種子の2～3粒を粉末にして、お湯に入れて飲みます。

・筋肉痛

ビワの葉マッサージ

濃緑の厚い葉を火であぶり、手で強く圧力をかけた後で、患部にやはり強く押し当てます。

・五十肩

山椒の湿布

葉と実の煎じ汁で湿布します。ナツミカンの皮を刻み、布袋に入れての入浴も効果的です。ゴマ油と等量に混ぜたショウガを患部にすり込むのも効果があります。

・打撲

ひょうたん湿布

ひょうたんの実を黒焼きにして粉末とし、小麦粉と酢に混ぜて湿布薬にします。

・ねんざ

菖蒲の湿布

葉と茎の煎じ汁で患部を湿布します。筋肉痛のビワの葉の療法はねんざにも効果があります。

咽喉・呼吸器系の病状

・咽喉痛

キキョウのうがい薬

根を3グラムほど煎じて飲み、その煎じ汁でうがいをします。同様にリンドウの根の煎じ汁でのうがいも効果的です。また、ゴボウの種子を粉末にして煎じて飲む方法もあります。

・**風邪**

春菊ポタージュ

葉を茹でて、よくすり潰したものに茹で汁を加えてポタージュスープにして飲みます。濃い煮汁を飲むだけでも効果があります。また、ヒマワリの種子を煎じて飲むと薬効が現れます。干し柿を煎じて飲むのも効果があります。

・**気管支炎**

松葉の青汁

赤松の青汁を杯半分入れ、ティースプーン一杯の蜂蜜を加えて、日に2、3度飲みます。他には、大根を細く切りハチミツにつけておくと、2、3日で大根から上澄み液が出ます。その透明な上澄み液を飲みます。

・**喘息**

ジャガイモスープ

ジャガイモでスープを作り、それを常食します。また、レンコンのすりおろした汁を杯に一杯、日に3度飲むのも効果的です。

・**口内炎**

梅干しのうがい薬

梅干しの黒焼きを口に入れたまま、うがいをします。また、大根おろしを口に含んだだけでも効果があります。

・**舌炎**

ナスのヘタのうがい薬

茎やヘタを黒焼きにし、その粉末を患部につけます。その煎じ汁でうがいをしても効果的です。

・**痰切り**

スギナのうがい薬

乾燥させた葉や茎を煎じて、その汁でうがいをします。ヤツデの葉を煎じて飲んでも効果があります。

その他の病状

・**健胃**

ラッキョウの薬効

生の球根を焼いて食べます。ぶどうの生ジュースに蜂蜜を加えて飲むだけで、健康な胃が保てます。

・**声がれ**

カブの薬効

おろしたカブの汁を杯に半杯ずつ、日に2度飲みます。

・**消化不良**

コーンスープの薬効

つぶしたとうもろこしの実のコーンスープで消化不良が解消されます。

・**食あたり**

梅干しの薬効

梅干しの果肉をどろどろにし、少量ずつ食べることで効果があります。また、ナンテンの生葉を口に入れて噛んでいると、悪いものが吐き出てきます。

・**食欲不振**

キャベツの青汁

キャベツを青汁にして飲むだけで、食欲増進が図れます。また、ニンジンのおろし汁を毎日グラス1杯飲むだけでも効果的です。少しめんどくさいですが、シソの葉とショウガと黒豆の煎じたものを飲むことも、薬効が期待できます。

・**視力減退**

ミツバの目薬

ミツバを陰干しにして、煎じて飲めば、視力を強化することができます。また、ショウブの乾燥した根を煎じて飲むと効果があります。

・**整腸**

カリンの整腸剤

カリンの実をどろどろになるまで煮て、食べることでおなかの調子を整えてくれます。また、前出の春菊ポタージュも効果があります。

・**生理痛**

からし粉の痛み止め

からし菜の種を乾燥させ粉末にした、からし粉を食前に服用します。また、ミョウガの根を煎じたものの服用も効果があります。

・**痛風**

ナンテンの薬効

ナンテンの根を煎じて服用すると、軽い痛風ならあの痛さを忘れさせてくれます。また、ダイコンおろしを患部に当てるだけでも効果があります。ほうれん草のジュースや生食でも、痛みの原因になっている尿酸を洗い流してくれます。

・**寝汗**

とうもろこしの芯の薬効

とうもろこしの芯を煎じて、ハチミツを加えて飲みます。また、リンドウの根を煎じたものを飲むと効果があります。

・**日射病**

ニラの薬効

ニラの葉を絞りその汁を飲みます。

・**歯痛**

ウドの痛み止め

ウドの根を乾燥させたものを煎じて、日に3度ほど服用します。また桑の葉を塩もみして、歯の傷むところに直接塗ります。口内炎のときのナスのヘタの黒焼きも歯痛にも効きます。

・**鼻血**

女郎花の鼻血止め

おみなえしの根を煎じたものを日に3度服用します。また、レンコンをおろした汁を鼻の中へ入れます。

・**冷え性**

冷え性にはレンゲソウ

開花時期に採集した全草を乾燥させたものを煎じて飲みます。同じレンゲソウの花や茎を布袋に入れての入浴も効果があります。

・便秘

たけのこスープ

たけのこの刻んだものを入れたスープを飲むだけでも効果があります。また、乾燥させたスイカの種を煎じて飲む方法もあります。

・不眠症

よく眠れる桑の薬効

桑の葉と実を煎じて飲めば不眠症解消に効果があります。面白いところでは、キュウリを潰して足の裏に貼ると、特に寝苦しい夏の夜は快眠が期待できます。

・腰痛

ねむの木の痛み止め

ねむの木の樹皮を乾燥させたものをお風呂に入れて入浴します。

●薬に関する知恵《まとめ》●

昔に比べれば、私たちの日常生活において「薬草」を目にすることすら稀な状況の中で、薬草をさまざまな病状の改善に生かそう、というのは少々抵抗があるかもしれませんが、ここではよく言われるものの、正しいやり方をあまり知らない薬草の「煎じ方」についてまずお話します。

・煎じ方

容器－煎じるための容器ですが、化学変化を起こしやすい鉄や銅製のものは避けます。ホーロー鍋またはやかんがよいでしょう。可能であれば、土鍋か土瓶でもかまいません。

水－薬草に対する水の量は、薬草により多少の増減はありますが、1日分であれば、カップ3杯分（約600cc）がよいようです。

煎じつめ－容器に薬草と水を入れて弱火で煮立たせます。鍋の場合はフタをしておきます。目安は水の量が半分になるくらいです。

漉《こ》す－煎じつめたら、熱いうちに茶漉しやペーパーで漉します。かすをよく漉しましょう。かすを残しておくと、抽出された成分が戻ってしまいます。

飲む－それぞれ症状によって温度が違います（下記参照）。

・風邪や下痢ぎみの症状→熱くして飲む
・慢性病の症状→体温程度のものを飲む
・吐き気、鼻血、吐血→冷やして飲む
・これ以外の症状→温かくして飲む

※オオバコやタンポポなどは、煎じつめ→抽出を3～4回行ってもよいでしょう。その際は、入れる水の量は同じですが、今度は水が4分の1くらいになるまで煎じつめます。

用量－用量は年齢や性別、症状などによって加減します。病状などは素人診断せず、医師に相談しましょう。また。子供に飲ませる場合は量が変わります。大体、中学生・小学校高学年の子で大人の半分の量、幼児では大人の4分の1くらいが目安です。

【参考文献】

「効く食事」　田野井正雄著（新潮ＯＨ！文庫）
「応急手当コツのコツ」　富家　孝監修（ワニ文庫）
「美容の裏ワザ・隠しワザ」　平成暮らしの研究会編（ＫＡＷＡＤＥ夢文庫）
「ヨゴレを落とす裏ワザ・隠しワザ」　永田美穂と平成暮らしの研究会編（ＫＡＷＡＤＥ夢文庫）
「料理のコツを科学する　おいしさの謎解き」　杉田浩一著（青春出版社）
「駐在員発３　ためして元気！世界の健康法」　ジェトロ編（ジェトロ）
「ドイツ流シンプル家事学」　沖　幸子著（ＰＨＰ研究所）
「おいしさ2倍、効果3倍　からだによく効く食べ物事典」三浦理代監修（池田書店）
「外国のおばあさんの引出し」　佐藤慶女（文芸春秋）
「おばあちゃんの手当て法」　正食協会編
「クスリになる野菜と野草と　第１集」　狩野　誠著（健康生活社）

新《しん》・世界《せかい》のおばあちゃんの知恵袋《ちえぶくろ》

二〇〇六年五月二〇日　第一刷発行

編　者　株式会社　イー メディア
発行者　前田完治
発行所　株式会社　三修社
〒110-0004　東京都台東区下谷一—五—三四
電話　〇三—三八四二—一七一一（代表）
　　　〇三—三八四二—一六三一（編集）
http：//www.sanshusha.co.jp/
振替　00190-9-72758
編集担当　澤井啓允
印刷製本　日経印刷株式会社
装　幀　鈴木　弘

ISBN4-384-03700-7　C2039